Organspende
– JA oder NEIN –
Eine Entscheidungshilfe
Die verheimlichte Wahrheit

Gewidmet all denen,

die nicht wie die Lemminge dem Zeitgeist folgen,
sondern gewohnt sind, selbstständig zu denken,
so die Wahrheit zu erkennen und danach zu handeln.

Ans Herz gelegt all denen,

die helfen wollen, ein Gesundheitswesen zu realisieren,
das mit der natürlichen Ordnung in Einklang steht,
nicht darauf ausgerichtet ist, auch gegen Leib und Leben der Bevölkerung eigenen
finanziellen Interessen und der darin Tätigen zu dienen.

Unterbreitet all denen,

die im Gesundheitswesen und
der auf dieses gerichteten Politik gemäß ihrem Gewissen
Verantwortung tragen.

Georg Meinecke

Organspende

– JA oder NEIN –

Eine Entscheidungshilfe

Die verheimlichte Wahrheit

FSC
www.fsc.org
MIX
Papier aus verantwortungsvollen Quellen
Paper from responsible sources
FSC® C105338

Bibliografische Information der Deutschen Nationalbibliothek:
Die Deutsche Nationalbibliothek verzeichnet diese Publikation in der Deutschen Nationalbibliografie; detaillierte bibliografische Daten sind im Internet über http://dnb.d-nb.de abrufbar.

Erscheinungsjahr 2012, Satz, Umschlagdesign, Herstellung und Verlag:
BoD – Books on Demand
Printed in Germany
ISBN: 978-3-8448-3377-5

Inhalt

Hinweis

Der Inhalt der Schrift folgt der Inspiration und Intuition des Autors. Er hat sie nach bestem Wissen und Gewissen verfasst, ausgewählt und wiedergegeben. Er soll die Leserinnen und Leser die Wahrheit erkennen lassen und sie bei Befolgung der Wahrheit vor Tod, Leid und Schmerzen bewahren.

Einleitung

Aufgrund des Transplantationsgesetzes soll möglichst jeder Mitbürger in seinem Leben einmal entscheiden und schriftlich erklären, ob er nach seinem Tode zu einer Organspende bereit ist oder nicht, wenn ja, in welchem Umfange.

Ziel dieser gesetzlichen Neuregelung ist es, die Zahl der Organspenden aufgrund der Erklärungen von bereiten Spendern wesentlich zu erhöhen. Dafür wird öffentlich massiv geworben mit der Begründung, dass es sich bei der postmortalen Organspende um einen Akt der Nächstenliebe – ja der christlichen Nächstenliebe – handele, der finanziell nichts koste, kein eigenes Leid, keine eigene Schmerzen verursache, jedoch geeignet sei, das Leben anderer Menschen zu retten und zu verlängern, die auf ein neues Organ angewiesen seien.

Diese von der Transplantationslobby geschaffene Werbung, der sich gutgläubig Kirchen, Verbände und Institutionen jeglicher Art, ebenso wie die Medien und die Politik angeschlossen hatten und haben, hat mich veranlasst, den Dingen auf den Grund zu gehen und für alle Interessenten durch Aufklärung über die wahren Sachverhalte eine Entscheidungshilfe zu schaffen. Tausende haben über das Internet oder per E-Mail diese Texte bereits erhalten und gelesen. Bisher nur vertraut mit der Werbung des Aktes menschlicher Nächstenliebe durch postmortale Organspende waren sie zutiefst erschüttert und haben meine Informationen im jeweiligen Maß ihrer Möglichkeiten weiterverbreitet.

Gebeten wurde ich auch, den Text drucken zu lassen, um die Menschen zu erreichen, die sich nur so informieren lassen. Dieser Bitte habe ich mit der vorliegenden Broschüre entsprochen.

Soweit sich in den einzelnen Kapiteln Wiederholungen befinden, liegt das daran, dass sie als einzelne Schriften gefertigt wurden, die jeweils in sich selbst verständlich sein sollten.

Alptraum Organspende

Die Quelle vieler Leiden ist die Unwissenheit. Wissen jedoch hilft, viele Leiden zu vermeiden! Der Verhinderung von Leiden durch erlangtes Wissen dient diese Schrift.

Da der von Schulmedizinern diagnostizierte Bedarf an notwendiger Transplantation von Organen dem Angebot der Organspender bei Weitem übersteigt, wird in unserem Land ständig für Organspenden von Toten – quasi als einem Akt der Nächstenliebe – geworben. Für diese Werbung sind sich neben den daran verdienenden Medizinern selbst Kirchen, Politiker und Medien nicht zu schade.

Die Organtransplantation setzt in Deutschland die Einwilligung verstorbener Patienten oder ihrer nächsten Angehörigen voraus, die dem mutmaßlichen Willen des Verstorbenen entsprechen sollte. Die sog. Erweiterte Zustimmungsregelung war am 1. Dezember 1997 durch das Transplantationsgesetz in Kraft getreten. Die auf diese gesetzliche Grundlage gestützte Praxis deckte jedoch die immer größer gewordene Kluft zwischen Bedarf und Angebot nicht. Denn die fehlende Einwilligung durch die Spender gilt als mit Abstand häufigster Grund für den Verlust einer Organentnahme. Sind es doch nur ca. 6 % der Spender, die vor ihrem Tod in die Organentnahme eingewilligt haben, während in ca. 94 % der Fälle Angehörige einwilligen. **Der Bundestag beschloss daher mit den Stimmen aller Parteien am 24.11.2011 die sog. Entscheidungslösung, die am 25.05.2012 als Gesetz verabschiedet worden ist. Bei dieser soll jeder Bürger – regelmäßig befragt – einmal in seinem Leben entscheiden, ob er nach seinem Tode Organspender sein möchte oder nicht.** Die Erklärung soll behördlicherseits registriert werden, z. B. auf der elektronischen Gesundheitskarte. Abgegeben werden soll diese Erklärung also häufig von Personen im Alter von 16 Jahren ab aufwärts. Man hofft auf diese Weise, die Zahl der Spender wesentlich zu erhöhen, die vor ihrem Tode in die Organentnahme einwilligen und die Zahl der Angehörigen zu verringern, die sonst befragt werden müssten. Für den, der noch keine Entscheidung getroffen hat – das sollen in Zukunft möglichst die wenigsten sein –, entscheiden nach seinem Tode weiterhin die Angehörigen. Indessen dürften diesen mangels vorheriger Aussprache der Wille des Verstorbenen häufig gar nicht bekannt sein. So werden also ggfs. Angehörige etwas spenden, das ihnen gar nicht gehört. Analog zu Verträgen zulasten Dritter müssten derartige Einwilligungen eigentlich sittenwidrig und deshalb unwirksam sein. Derartiges gibt es, um an verwertbare Organe von Verstorbenen heranzukommen, also auch nur im Transplantationsrecht. Die gewünschte persönliche Einwilligung des »Spenders« verhindert auch die Weiterbehandlung des Patienten nach der Diagnose »Gehirntod« gemäß dem Wunsch von Angehörigen und damit die Aufdeckung einer tödlichen Fehldiagnose und das Weiterleben des Patienten. Die persönliche Einwilligung des Spenders ermöglicht also in jedem Fall die Diagnose »Hirntod« mit für ihn unumkehrbarer, todsicherer Folge.

Abgelehnt wurde vom Deutschen Bundestag die sog. Widerspruchsregelung. Nach dieser dürfen Organe nach dem Tod des Patienten entnommen werden – auch gegen den Willen der Angehörigen –, wenn dieser nicht vorher zu Lebzeiten ausdrücklich dem widersprochen hat, der Widerspruch in einem dafür vorgesehenen Widerspruchsregister festgehalten ist. Die sog. Widerspruchsregelung gilt in den meisten europäischen Ländern, die sog. Erweiterte Zustimmungsregelung dagegen nur in 6 Staaten in Europa. So können auch deutschen Touristen, deren Widerspruch nicht in einem dafür vorgesehenen Widerspruchsregister des jeweiligen Landes festgehalten ist, nach ihrem Tode Organe jeder Art und in jedem Umfange zu Transplantationszwecken entnommen werden, wenn sie im Urlaub sterben in Frankreich, Italien, Lettland, Liechtenstein, Luxemburg, Österreich, Polen, Portugal, Schweden, Slowakei, Slowenien, Spanien, Tschechien, Ungarn und Zypern. Denn in allen diesen Ländern gilt die sog. Widerspruchslösung. Welcher Tourist aber lässt seinen Widerspruch vor einer Reise in das betreffende Land in dem dort gültigen Widerspruchsregister eintragen? Nur in Belgien, Finnland und Norwegen haben jedenfalls die Angehörigen noch ein Einspruchsrecht! In Bulgarien gibt es noch nicht einmal ein Widerspruchsrecht. Es gilt dort stets die sog. »Notstandsregelung«. Entnommen werden kann, was jeweils dringend benötigt wird! Bulgarien kann man also wohl nur als eventueller Organspender-Aspirant besuchen.

Hat der Gesetzgeber in Deutschland angenommen, dass sich die Kluft zwischen Organspendern und Empfängern durch die neue Regelung verkleinern würde, so dürfte dies ein Irrtum sein. Denn so, wie die Dinge liegen – **an Organverpflanzungen und ihren Folgen wird von interessierter Seite tüchtig Geld verdient** –, wird mit der Zahl der Organspender auch die Transplantationsempfehlung der Ärzte als »Therapie« der Wahl zunehmen. Übersehen werden sollte dabei auch nicht: Gemäß einer Studie der Hamburger Universitätsklinik wird in Deutschland die Therapie der Herztransplantation in zwei Dritteln der Fälle vorschnell angeboten! (»Herzloser Tod – Das Dilemma der Organspende«, S. 192 ff.) Laut dem Deutschen Bundesrat sollte jedoch jeder,

der sich für eine Organspende entscheidet, darüber informiert sein, worüber er entscheidet.

Jeder, der sich zur Organspende bereit erklärt hat oder dessen Angehörige nach seinem Tode dem zustimmen, jeder, der in einem Land stirbt, in dem die sog. Widerspruchsregelung gilt, ohne dass er seinen Widerspruch dort hat registrieren lassen, muß wissen, dass nach seinem »Tode« nur lebend-frische Organe entnommen und transplantiert werden können, nicht leblose Organe einer Leiche. Als transplantierbare Organe gelten: Lunge, Herz, Nieren, Leber, Bauchspeicheldrüse und Dünndarm. In Einzelfällen wurden Körperteile wie Gesicht, Hände, Arme, Luftröhre, Kehlkopf, Zunge und Penis entnommen. Zu den transplantierbaren Geweben gehören: Haut, Knochen und Knochenteile, Herzklappen, Herzbeutel, Augen, Blutgefäße, Knorpelgewebe, Sehnen und Bänder.

Nachdem der südafrikanische Chirurg Christiaan Barnard im Dezember 1967 die erste Herztransplantation vorgenommen hatte, dem 1968 in den USA Chirurgen in 70 Fällen gefolgt waren, der Staatsanwalt deswegen begann, wegen vorsätzlicher Tötung gegen die Transplantationschirurgen zu ermitteln, definierte die Harvard Ad-hoc-Kommission 1968 in den USA den Tod des Menschen neu. Sie prognostizierte bereits das irreversible Koma – Zustand eines noch lebenden Patienten – als Tod. Damit hob die Harvard Ad-hoc-Kommission die bisher seit Jahrtausenden geltende Erkenntnis auf, wonach ein Mensch erst dann tot ist, wenn sein Herz und die Atmung irreversibel zum Stillstand gekommen waren, Geist und Seele den Körper endgültig verlassen hatten. Zuvor hatten 1959 zwei französische Ärzte (Molaret und Goulon) den Zustand des irreversiblen Komas erstmals beschrieben, bei dem das Gehirn durch Sauerstoffmangel irreversibel zerstört war. Diesen Zustand hatten sie als »coma dépassé« (endgültiges Koma) beschrieben, jedoch keinesfalls als Tod. Nochmals: Bis dahin hatte durch die Jahrtausende gegolten, dass ein Mensch erst dann verstorben, erst dann tot war, wenn sein gesamter Organismus – Herz, Atmung und damit der gesamte Kreislauf – zum Stillstand gekommen war. Der Körper des Verstorbenen erkaltete, Totenflecken zeigten sich, die Leichenstarre stellte sich ein, der Verwesungsprozess folgte. Mit dem endgültigen Tod lösten sich Geist und Seele durch Zerreißen des silbernen Bandes irreversibel vom irdischen Körper, dem Gehäuse und Werkzeug des Menschen auf Dauer seiner irdischen Inkarnation. Sie kehrten zurück ins Jenseits, der wahren, ewigen Heimat des Menschen. Im Bereich atheistischer, materialistischer, medizinischer Wissenschaft existieren Geist und Seele eines Menschen jedoch nicht.

Seit die Schulmedizin die Organtransplantation in ihr Programm aufgenommen hat, ist also der Todeszeitpunkt juristisch zeitlich vorverlegt worden und wird seitdem auch immer weiter vorverlegt, um dem »Toten« – in Wirklichkeit einem Sterbenden – lebend-frische Organe, wie z. B. das noch bis dahin schlagende Herz oder andere bis dahin voll durchblutete Organe, wie Niere, Leber, Lunge, Bauchspeicheldrüse und Augen etc., entnehmen zu können. Denn nach dem deutschen Transplantationsgesetz (TPG) dürfen lebenswichtige Organe nur von Toten entnommen werden. Im Interesse der Organtransplantation hat sich die Definition des »Hirntodes« als Todeszeitpunkt des Menschen nahezu weltweit durchgesetzt. Behilflich wurde auch die Bundesärztekammer. Sie konstatierte, dass mit dem »Hirntod« angeblich naturwissenschaftlich–medizinisch der Tod des Menschen festgestellt sei. Wem ist schon bekannt, dass sich hinter der Bezeichnung »Bundesärztekammer« ein nicht rechtsfähiger Verein von Landesärztekammern verbirgt, jedoch keine öffentlich-rechtliche Institution auf Bundesebene, wie dieser Name vorgibt? **An der Feststellung der Bundesärztekammer, dass mit dem »Hirntod« naturwissenschaftlich-medizinisch der Tod des Menschen angeblich festgestellt sei, ändert die Tatsache nichts, dass es sich bei dem Patienten zu diesem Zeitpunkt um einen »lebenden Leichnam« handelt, dessen Herz noch schlägt, den gesamten Kreislauf aufrechterhält, der voll durchblutete Körper seine normale warme Temperatur hat, der Stoffwechsel noch stattfindet. Auch das funktionsunfähige Gehirn ist noch durchblutet, keineswegs wie bei einem Toten erkaltet, geschweige denn in den Verwesungsprozess übergegangen.** Bis zur Feststellung des »Gehirntodes« und damit juristisch des Todes des Patienten durch Ärzte wurde dieser noch als Komapatient in jeder Weise vom Pflegepersonal behandelt. Er wurde ernährt, gewaschen und in jeder notwendigen Weise gepflegt. Männliche »Gehirntote« sind selbst noch einer Erektion fähig. Weibliche schwangere Gehirntote lassen in ihrem Körper ein Embryo weiter wachsen und reifen bis zu seiner Geburt aus dem Körper eines »lebenden Leichnams«. Wunden können noch ausgeheilt werden. Dr. Zieger berichtete 1996 dem Gesundheitsausschuss des Deutschen Bundestages, dass Komapatienten auf äußere Ereignisse und soziale Stimuli, wie z.B. dem Besuch von Angehörigen, eindeutig antworten. **Gehirntote können noch Tage, Wochen, auch noch Monate oder jahrelang leben, bis sie einem würdevollen friedlichen Tod begegnen. Deshalb hat das Pflegepersonal häufig seine Probleme damit, dass ein irreversibel komatöser Patient, als solcher vollumfänglich gepflegt, zu einem bestimmten Zeitpunkt als vorgesehener Organspender von den Ärzten als tot erklärt wird, obwohl er nach wie vor wie ein**

Schlafender lebend warm und atmend im Bett liegt. Kein Wunder, dass z. B. Professor Franco Rest äußerte: »Den Hirntod gibt es überhaupt nicht; er ist eine Erfindung der Transplantationsmedizin.« Komapatienten werden künstlich beatmet. Leichen lassen sich nicht künstlich beatmen, allenfalls aufblasen.

Mediziner, die die Hirntod-Diagnose stellen, bereiten dem Patienten zuvor einen schmerzhaften Prozess. Der Eingriff dient in der Regel der Organbeschaffung, nicht dem Wohl des Patienten. Die klinische Untersuchung sieht u. a. vor: eine Provokation der Augenhornhaut mit einem Gegenstand, Stechen in die Nasenwand, Reizen des Rachenraums mit einem Gegenstand, Setzen eines heftigen Schmerzes zur Reizung von Reflexen, Reizung des Bronchialraumes durch Absaugkatheter, festes Drücken der Augäpfel, Gießen von Eiswasser in die Gehörgänge. Zur Absicherung der Diagnose wird gelegentlich eine Angiografie mit Kontrastmittelgabe durchgeführt. Dieses Testverfahren kann beim noch lebenden Spender zu einem anaphylaktischen Schock mit Todesfolge führen. Die DSO (Deutsche Stiftung Organtransplantation) empfiehlt als letzte klinische Untersuchung den Apnoe-Test (Abschalten der Herz-Lungen-Maschine). Dabei kann es zu Blutdruckabfall, Herz-Rhytmus-Störungen oder gar zum Herzstillstand kommen. Über belastende Untersuchungen, mögliche Gefahren und Fehleinschätzungen bei der Hirntoddiagnostik wird der spendenwillige Bürger jedoch derzeit nicht aufgeklärt. Unbekannt bleibt, wie häufig Fehldiagnosen eines Gehirntodes gestellt werden. Derartiges wird selbstverständlich in Fachzeitschriften nicht publiziert. Indessen wurden Fälle bekannt, in denen bei Fortsetzung lebenserhaltender Maßnahmen, bei sog. »Hirntoten«, diese Patienten wieder gesund wurden. Die Autoren einer entsprechenden Studie warnten vor der Fehldiagnose des Hirntodes (www.das-parlament.de/2011/20-21/Beilage/001.html). So wurde z. B. bei der 56-jährigen Gloria Crux der Hirntod diagnostiziert und dass sie innerhalb 48 Stunden sterben würde. Sie überlebte, weil ihr Mann das Abschalten der Geräte verhindern konnte. Frau Rosemarie Körner: »Hätte man ihm (ihrem damaligen Ehemann) Organe entnommen aufgrund der mehrmaligen Hirntod-Diagnose, würde er heute nicht mehr leben, nicht zum 3. Mal verheiratet sein.«

Vor der Organentnahme auf dem Operationstisch erhalten diese »Toten« häufig muskelentspannende und schmerzstillende Medikamente, hier und da erhalten sie auch eine Vollnarkose oder werden örtlich anästhesiert. Nicht selten schnallt man sie auf dem Operationstisch fest, um irritierende, abwehrende Bewegungen gegen den Chirurgen zu verhindern. Daraus ist unschwer zu entnehmen, dass die Organtransplanteure keineswegs davon ausgehen, dass der Organspender, dem auf dem OP lebend-frische warme Organe, wie z. B. das noch schlagende Herz, herausgeschnitten werden, bereits im eigentlichen Sinne tot und ohne jedes Schmerzempfinden sei. Ganz im Gegenteil: Wie bei einem operierten lebenden Patienten reagiert der »Hirntote« wie dieser auf unbewusste Schmerzen. Die Pulsfrequenz schnellt hoch, der Blutdruck bewegt sich, Hormone werden ausgeschüttet. Ein wirklich Toter, ein Leichnam ist zu solchen Reaktionen selbstverständlich nicht mehr fähig. Da ein Schmerzempfinden mit letzter Sicherheit nicht ausgeschlossen werden kann, ist in der Schweiz inzwischen eine Vollnarkose bei der Organentnahme am »Toten« vorgeschrieben. Selbst die DSO empfiehlt zur »Optimierung des chirurgischen Eingriffs« 5 Fentanyl, ein synthetisches Opioid (Opiat). Es ist eines der stärksten Schmerzmittel, ca. 100 x stärker als Morphin. Gescheut wird die Empfehlung einer Vollnarkose, da dies offensichtlich auch dem Laien offenbaren würde, dass der tote Organspender in Wirklichkeit noch gar nicht tot ist.

Zu Zwecken der Organentnahme wird der auf dem OP-Tisch liegende Körper des »Hirntoten« von der Kehle bis zum Schambein aufgeschnitten bzw. aufgesägt. Nachdem in den dadurch aufgeklappten Körper Eiswasser gegossen worden ist, werden die einzelnen Organe herausgeschnitten, wie z. B. die Nieren, die Leber, die Bauchspeicheldrüse, die Lungenflügel, die Augen und zuletzt das noch schlagende Herz. Vor dem Ausschlachten der vitalen, lebenden Organe wurden auch diese mit einer 4 Grad kalten, aus Zucker und Nährsalzen bestehenden Lösung im noch lebenden Körper des Hirntoten durchspült, um sie am Leben zu erhalten und sie während des Transfers in den Kühlboxen zu ernähren. Das kann dazu führen, dass der Hirntote auf diesen Vorgang mit Zuckungen reagiert. »Hirntote sind in diesen Stunden sozial Ausgestoßene und werden durch den medizinischen Umgang verdinglicht. Nach allen Regeln der Kunst wird in den noch überlebenden Körper ›eingegriffen‹. Da es sich bei den meisten »Organspenden« um eine sog. Multiorganentnahme handelt, muss keine Stelle des Körpers verschont bleiben, er darf mit Messer, Säge, Hammer und Meißel radikal verletzt werden. Vom Brust- bis zum Schambein aufgeschnitten, können neben den vitalen Organen auch Kniegelenke, Luftröhre, Gehörknöchelchen, Dünndarm, Augäpfel entnommen und selbst die Haut abgezogen werden.« (Anna Bergmann »Der entseelte Patient,« S. 292/93). Dass der Anblick des völlig mit den eigenen Händen ausgeweideten menschlichen Körpers selbst bei den damit befassten Chirurgen ein unheimliches Gefühl erzeugt, ist sicherlich nachvollziehbar. Danach tritt der eigentliche endgültige Tod der ausgenommenen körperlichen Hülle des Patienten ein, keineswegs der der entnommenen

Organe, die in anderen Patienten weiterleben und weiter funktionieren sollen. Dem SPD-Bundestagsabgeordneten Dr. Wolfgang Wodarg, von Beruf Arzt, wurde die Bitte abgelehnt, als Zuschauer einer Organentnahme beizuwohnen. Begründung: Die einem Schlachtfeld ähnelnde Szene sei keinem Zuschauer zuzumuten. In der Tat: Der Blutverlust bei Aufschneiden eines noch von der Blutzirkulation durchpulsten lebenden Körpers von der Kehle bis zum Schambein und das anschließende Ausschlachten von Organen führt fast zum totalen Blutverlust der körperlichen, nicht »entnommenen« Hülle. Die Chirurgen stehen wegen der massiven Blut- und Wasserüberschwemmung des Fußbodens zumeist auf Matten oder Tüchern. Auf einem anderen Blatt steht, dass nicht nur Organe, sondern auch Gewebe entnommen werden kann und wird. Das ist praktisch der gesamte Körper, z. B. die Oberschenkelknochen usw. Für den Bestatter muss der Leichnam (der Hampelmann) dann erst wieder stabilisiert – z. B. mit Besenstielen –, ausgestopft und zugenäht werden. Herausgenommene Augen werden zugeklebt oder durch Glasaugen ersetzt. Diese Organentnahmen finden in den USA und Europa obligatorisch nachts statt, um sie vom sonstigen Krankenhausgeschehen abzusondern. Droht der Herztod vor Entnahme aller lebendigen Organe, wird dem medikamentös mit allen Mitteln begegnet.

Wie in der Ärztezeitung vom 31.08.2000 zu lesen war, hält der britische Anästhesist Dr. Peter Young es grundsätzlich für möglich, dass hirntote Patienten bei der Organentnahme Schmerzen empfinden können. Dem haben andere britische Narkose-Fachärzte zugestimmt. Dr. Philip Keep (Norfolk und Norvich Hospital, Norvich) ließ die Hörer eines Radio-Programmes der BBC wissen, dass er für sich persönlich eine Organspende ablehne. Er erklärte dazu: »Ich habe während meiner langjährigen Arbeit im OP Dutzende hirntote Organspender gesehen, die bei der Entnahme der Organe Reaktionen zeigten. Ich möchte und kann nicht ausschließen, dass dies auf ein gewisses Schmerzempfinden des Organspenders hindeutet.« Er vertritt daher die Auffassung, dass hirntote Organspender vor einer Organentnahme grundsätzlich anästhesiert werden sollten! Die Verabreichung einer Vollnarkose oder stärkster Schmerzmittel schließt wohl die Annahme aus, dass der Organspender in Wahrheit schon tot ist. Probleme dieser Art gibt es in der Anatomie nicht.

Gemäß heutiger Neurowissenschaft sind die Eingeweide von mehr als 100 Millionen Nervenzellen umhüllt. Dieses »2. Gehirn« ist quasi ein Abbild des Kopfhirns. Zelltypen, Wirkstoffe und Rezeptoren sind exakt gleich. Oft entscheidet der Mensch aus dem Bauch heraus, pp. Solange noch das Bauchhirn lebt, kann es die Todesdefinition »Hirntod« = Tod nicht geben. Das gilt auch für das Herz und seine Intelligenz. Es kann auch nach dem Hirntod weiter schlagen. So liest man z. B. in dem Buch »Die Herz-Intelligenz-Methode« VAK-Verlag, S. 56 u. a.: »Dank seiner komplexen Schaltkreise kann es unabhängig vom Gehirn im Kopf arbeiten. Es kann lernen, sich erinnern, ja selbst fühlen und empfinden ...« Uns geht etwas zu Herzen, das Herz wird uns schwer, es kann uns brechen.

In der Beilage »Organspende und Selbstbestimmung« der Zeitschrift »Das Parlament«, Ausgabe 20/21 2011 war in dem Artikel »Wie tot sind Hirntote? – Alte Fragen – Neue Antworten!« u. a. zu lesen: »Kritiker der Gleichsetzung von Tod und Hirntod wie der Philosoph und Nobelpreisträger Hans Jonas halten am klassischen Todeskonzept fest. Sie plädieren dafür, den Komapatienten oder den Hirntoten im Zweifel so zu behandeln, als sei er noch auf der Seite des Lebens, da wir die exakte Grenze zwischen Leben und Tod nicht kennen und der Mensch nicht von seinem Körper zu trennen oder im Gehirn zu lokalisieren sei.« Jonas warnt davor, das Hirntod-Kriterium in den Dienst der Organ-Beschaffung zu stellen. Der Therapieabbruch bei hirntoten Patienten sei nur dann gerechtfertigt, wenn er dem Interesse des Patienten selbst diene, aber nicht für fremdnützige Zwecke. Auch Gehirnforscher und andere Wissenschaftler stellten fest, dass die Gleichsetzung von Hirntod und Tod aus physiologischer Sicht unhaltbar sei, ebenso wie die Gleichsetzung hirntoter Patienten mit Leichen. Dr. Manfred Lütz, Theologe, Arzt und Mitglied im Direktorium der Päpstlichen Akademie für das Leben äußerte sich in einem Radio-Interview u. a. wie folgt: »... Was die Kirche sagen kann, ist: Man darf nicht jemanden töten, um an seine Organe zu kommen.« **So stellte auch das »Presidents‘ Council on Bioethics« (USA) 2008 eindeutig klar: »Der Hirntod ist naturwissenschaftlich nicht dem Tod gleichzusetzen.« Ist dies richtig – und wer will daran zweifeln –, so wird jeder »gehirntote« Organspender von den Transplantationschirurgen auf dem OP-Tisch durch die oder anlässlich der Entnahme seiner Organe getötet, jedenfalls alles, was nicht entnommen wird.** So wundert es nicht, dass Papst Benedikt XVI. forderte, dass Organe nur ex cadavere (vom Leichnam) entnommen werden dürften. Er selbst zog seine als Kardinal Ratzinger abgegebene Bereitschaftserklärung zur persönlichen Organspende als Papst Benedikt XVI. – über die Wahrheit aufgeklärt – zurück.

Wegen der öffentlich durch Politik und Medien wie Ärzte völlig unzulänglichen Aufklärung über alles, was Organspender und deren Angehörige wissen müssen, erwarten auch die Mitglieder der Initiative »Kritische Aufklärung über Organtransplantation e. V.« (KAO), dass seitens der dafür Verantwortlichen entgegen dem, was der unter der Bezeichnung Bundesärztekammer agierende nicht rechtsfähige Verein und die ihm folgenden Organisationen, wie die Deutsche Stiftung Organspende (DSO) und die Bundeszentrale für gesundheitliche Aufklärung (BZfgA) propagieren, endlich eingestanden wird, dass der »Hirntod« keine wissenschaftliche, sondern eine juristische Definition ist, um von einem sterbenden, lebenden Menschen straffrei lebend-frische Organe entnehmen zu können. Diese Initiative wurde von Eltern gegründet, die ihre verunglückten Kinder zur Organentnahme freigegeben hatten, ohne zuvor über den allumfassenden Sachverhalt ordnungsgemäß aufgeklärt worden zu sein. Sie hatten erst nach der Entnahme begriffen, dass lebende Organe nicht von Menschen entnommen werden können, die tot sind, wie sie dies angenommen hatten. Zahlreiche dieser Eltern haben sich öffentlich geäußert. Darunter auch Frau Renate Greinert, deren umfangreicher Äußerung folgende Passagen zu entnehmen sind: »Wir befinden uns durch die Transplantationsmedizin im modernen Kannibalismus. Der Mensch reißt seinem Gegenüber nicht mehr sein Herz aus der Brust und verspeist es zur eigenen Kraftgewinnung, nein, in der heutigen Zeit legt sich der Mensch auf einen Operationstisch, schließt die Augen und lässt einverleiben … Ich gab den Kampf um meinen Sohn auf, weil der Arzt sagte, Christian sei tot. Eine ungeheuerliche Situation: Ich wende mich von meinem Kind ab, das warm ist, lebendig aussieht und behandelt wird wie ein Lebender, weil der Arzt sagt, mein Kind ist tot. Ich musste gegen mein eigenes Empfinden glauben … Ich habe meinen Sohn vor seiner Beerdigung noch einmal gesehen. Er erinnerte mich an ein ausgeschlachtetes Auto, dessen unbrauchbare Teile lieblos auf den Müll geworfen wurden … Wir waren bereit gewesen, ein Organ zu spenden, jetzt erfuhr ich, dass die Mediziner meinem Sohn Herz, Leber, Nieren und Augen entnommen hatten, man hatte ihm sogar die Beckenkammknochen aus dem Körper gesägt. Zerlegt in Einzelteile war er dann über Europa verteilt worden. Er war zum Recyclinggut geworden … Ich war gar kein Einzelfall, wie mir eingeredet werden sollte. Alle diese Angehörigen waren – wie ich – unaufgeklärt oder falsch informiert in die Organentnahme manipuliert worden … Alle Angehörigen der Organspender sind davon ausgegangen, dass ihre Kinder so tot waren, wie man sich TOT-SEIN vorstellt. Alle erinnerten sich daran, dass ihre Kinder aber gerade nicht kalt, starr, leblos und ohne Atem waren. Im Gegenteil: Sie waren warm, einige schwitzten, sie wurden wie Patienten versorgt und behandelt … Die Mütter erzählen von nächtlichen Albträumen, in denen ihre Kinder schreien und ihnen vorwerfen, sie verlassen zu haben. Und das genau haben wir getan … es ist nicht zum Aushalten! Wir finden keinen Weg aus der

Schuld … Kassierer, Gewinner ist der Transplantationsmediziner, der seinen Traum, den Tod zu besiegen, einen wesentlichen Schritt näher gekommen ist … Die Gesellschaft wird mit ihrer Angst vor dem Sterben so manipuliert, dass wir uns alle nur in der Rolle der Organempfänger sehen, aber nicht als Lieferant. Die Akzeptanz der Organspende beruht darauf, dass keiner mehr sterben will. Jeder hofft, auf Kosten eines anderen zu überleben … Über Organverteilerstellen werden sie wie Ware angeboten und in Europa verteilt. Entnommen und in Kühlboxen verpackt werden sie per Hubschrauber oder Jet in Transplantationszentren geflogen und verwertet. Der Mensch verkommt zum Sonderangebot, tiefgefroren bis zur Verwertung. Wollen wir das wirklich oder sollten wir nicht endlich Einhalt gebieten? Es war ein langwieriger Prozess, zu begreifen, dass Sterben etwas Alltägliches ist, dass der Tod die Krönung des Lebens ist … Die einzige Alternative zur Transplantationsmedizin für Spender und Empfänger von Organen, für jeden von uns, ist die Akzeptanz des Sterbens.«

Frau Renate Focke, Mutter des 1997 verunglückten Sohnes Arnd, äußerte in der Schrift der KAO »Organspende – Die verschwiegene Seite« u. a., dass im Falle ihres Sohnes eindeutig gravierende Verstöße gegen das Transplantationsgesetz begangen worden seien. Ihr Ehemann, Gebhard Focke, äußerte sich dort u. a. wie folgt: » Ich werfe mir vor, dass ich ihn habe sterben lassen, während er aufgesägt und aufgeschnitten wurde, während er mit kalter Perfusionslösung durchspült wurde – und das alles ohne Narkose. Keiner weiß aber genau, was ein sog. »Hirntoter« noch empfinden kann. Ich werfe mir vor, dass ich tatsächlich meinen Sohn für tot hielt, als die Ärzte mir das verkündeten, obwohl er sich durch die Hirntod-Feststellung in keiner Weise verändert hatte … So aber fühle ich mich über den Tisch gezogen, meine Unwissenheit wurde ausgenutzt. Ich habe mir oft überlegt, was ich denn hätte wissen müssen, um eine begründete Entscheidung treffen zu können. Vielleicht hätte schon folgende Frage ausgereicht: Ihr Sohn liegt im Sterben. Sind Sie damit einverstanden, dass er auf dem OP-Tisch zu Ende stirbt, während ihm die Organe entnommen werden? Ich hoffe, dass ich dann die Ärzte vom Hof gejagt hätte. Wer möchte sein Kind schon auf solch schreckliche Weise sterben lassen? … Wenn ich gewusst hätte, dass es begründete Zweifel am Hirntod-Konzept gibt, hätte ich meine Zustimmung zur Organentnahme nie gegeben – wer möchte seinen hilflosen Angehörigen solch einem ungewissen und grausamen Sterben ausliefern? … Statt von der 100%igen Zuverlässigkeit der Hirntod-Diagnostik zu fabulieren, sollte man die Öffentlichkeit darüber informieren, dass Studien das Gegenteil belegen. Statt den schwammigen Begriff der Nächstenliebe zu verwenden, sollten gerade die Kirchen ein Interesse daran haben, ihre sterbenden Mitglieder nicht schutzlos der Medizin auszuliefern, sondern ihnen einen Übergang in Würde und Ruhe zu ermöglichen. Und die DSO sollte nicht dauernd von Solidarität in der Gesellschaft reden und damit die Ausbeutung des einen zugunsten eines anderen meinen. Zusammen mit der Pharma-Industrie, die an den Transplantierten, die ja Dauerpatienten sind, viel Geld verdient, ist hier ein Kartell entstanden, das Informationen nur dann fördert, wenn sie Werbung für Organspende darstellen. Sonst tut man alles, um die Öffentlichkeit nur in eine Richtung zu beeinflussen …«

Stets wird versucht zu verhindern, dass Angehörige die ausgeschlachtete leblose körperliche Hülle des »Organspenders« nach der Entnahme sehen. Denen es gelingt, sind entsetzt. Der sich ihnen bietende Anblick verfolgt sie zumeist ihr ganzes Leben lang. Das Gesicht des Spenders zeigt nicht den beseligenden Frieden von Menschen, die man in Würde hat sterben lassen. Sie spiegeln vielmehr Furcht, Angst und fürchterliche erlittene Schmerzen wider. Blonde Haare junger Menschen sind ergraut oder weiß geworden. Die Haut des entbluteten Körpers zeigt sich in einem unnatürlichen grauweißen Farbton. So äußerte sich z. B. Frau Gisela Meyer, Mutter des verunglückten Sohnes Lorenz, u. a.: »Beim Anblick meines Sohnes glaubte ich zunächst an einen Irrtum. Ich erkannte ihn nicht, weil sein zuvor unverletztes Gesicht so entstellt war. Bis dahin hatte ich schon als Krankenschwester und in der eigenen Familie Sterbende begleitet und in das Gesicht von Verstorbenen geschaut. Ich hatte keine Berührungsängste und kannte den friedlichen und entspannten Gesichtsausdruck, der sich oft bei Verstorbenen einstellt. Das Gesicht meines Kindes war hingegen ganz klein geworden, die Lippen, seine schönen vollen Lippen, waren zusammengepresst, der Gesichtsausdruck sah nach Schmerzen aus. Seine Haare waren nass, die Augen mit Mulllagen bedeckt und kreuzweise verklebt … Entgegen den Behauptungen der Transplantationsmediziner bin ich überzeugt, dass mein Kind bei der Organentnahme Schmerzen erlitten hat. In seinem Sterben war ihm noch Schlimmes widerfahren. Nach der Krankenakte, die wir später lasen, bekam er eine Lokalanästhesie – warum? Hatte er sich bei der Operation bewegt? Hatte der Arzt gemerkt, dass er mit Schmerzen reagierte? …«

Darüber, wie viele Organtransplantationen »danebengehen«, wird nicht, zumindest nicht in der Öffentlichkeit, gesprochen. Man hört: Gehen sie »daneben« – dann gründlich! Der Empfänger erhofft, ergiert sich die Verlängerung seines Lebens mit dem fremden Organ. Am eigenen Körper muss er erfahren, was es bedeutet, für den Rest seines Lebens in die Abhängigkeit von dem Transplanteur und Ärzten zu kommen. Mit hohen Cortisongaben, pp., müssen die Abstoßungsreaktionen des fremden Organs ständig bekämpft werden. Das setzt die eigene Immunkraft herab, hebt sie letztlich auf. Bakterien, Viren und Pilze haben freien Eingang in den ungeschützten Körper des Empfängers und können sich dort ungehindert vermehren. Die Pharma-Industrie verdient exzellent an Organempfängern. Die monatlichen Medikamentenkosten betragen auf Lebenszeit tausend, wenn nicht Tausende Euro. Der ständige Medikamentenstress schädigt die Gesundheit. Hier und da müssen verbrauchte eingesetzte Organe durch wiederum neu beschaffte ersetzt werden! Dieser oder jener Organempfänger stirbt qualvoll an Infektionen, gegen die sich sein Körper nicht mehr wehren kann. Der Preis, den der Organempfänger für die gewonnene Verlängerung des Lebens seines irdischen Körpers zahlt, ist hoch. Das fremde Organ wird nie ein eigenes. **Häufig sind auch Wesensveränderungen zu beobachten.** Vegetarier, denen das Organ eines Fleischessers eingepflanzt wurde, verspüren z. B. plötzlich einen wilden Hunger auf Fleisch. Eine 35-jährige Frau, die das Herz eines Callgirls erhalten hatte, konnte danach von Sex nicht mehr genug bekommen. Ein Arbeiter ohne kulturelle Neigungen, dem man die Leber eines jungen Geigers übertragen hatte, interessierte sich plötzlich für klassische Musik. Ein 10-jähriges Mädchen wurde seit der Transplantation von schweren Albträumen geplagt. Es hatte das Herz einer 8-Jährigen erhalten, die Opfer eines Tötungsversuches geworden war. Die Empfängerin des Herzens konnte das Verbrechen an der Organspenderin so genau beschreiben, dass die Polizei den Täter ermitteln und festnehmen konnte. Direkt nach einer Transplantation treten auch Euphorie, Verwirrtheitszustände, wahnhafte und halluzinative Erlebnisse auf. Implantiert wird ja nicht nur ein fremdes Organ, sondern mit ihm Geist und Seele des Explantierten mit ihren Erinnerungen, Gefühlen, Interessen usw. Typisch sind Wahnideen von Raub und Tötung. Die Ärzte, mit den wahren – eigentlichen – Problemen überhaupt nicht vertraut, führen dies zumeist auf Folgen der verordneten Medikamente zurück. Dies alles ist noch ein großes, dunkles, unübersehbares Feld!

Zieht man aus all dem die Bilanz, lässt sich unschwer erkennen: Die Diagnose »Gehirntod« bedeutet für die von verwertbaren Organen auszuweidende körperliche Hülle eines – wenn auch komatös im Sterbevorgang lebenden – Patienten das endgültige Todesurteil. Vollstreckt wird es von Chirurgen auf dem Operationstisch durch oder anlässlich der Organentnahme. **Die Spuren dieses Vorganges werden danach auch von den Angehörigen – soweit es überhaupt dazu kommt – in der Leichenhalle wahrgenommen. Das Antlitz zeigt nicht**

die heitere, friedliche Entspannung eines in Würde dahingeschiedenen Patienten, sondern ist entstellt und verzerrt von erlittenen grausamen Schmerzen. Haut und Haare sind ergraut, zuvor blonde Haare eines jungen Patienten möglicherweise auch weiß geworden. Grauweiß erscheint die Haut des entbluteten bzw. nahezu entbluteten Körpers. Gerettet wird das Leben für die entnommenen Organe, die in anderen Menschen weiterleben.

Da der Mensch entgegen der atheistischen, materiellen medizinischen Wissenschaft nicht nur aus einem organischen Körper besteht, sondern eine Einheit bildet aus Körper, Geist und Seele, die sich wechselseitig völlig durchdringen, bleibt es der Fantasie des Einzelnen überlassen, was die »Organ-Geist-Seele-Transplantation« für Spender und Empfänger in Wahrheit bedeuten muss und welche Folgen dies hat, nicht nur im körperlichen, sondern auch im geistig-seelischen Bereich. Als Barnard bei seinem 2. Experiment das Herz des Patienten Philipp Blaiberg herausschnitt, um das Herz des Schwarzen Chive Haupt einzupflanzen, hatte er sich allerdings die Frage gestellt: »Hatte ich auch seine Seele herausgeholt?« (Barnard, Christiaan: »Das 2. Leben – Die Erinnerungen des weltberühmten Herzchirurgen«, München 1994, S. 55/56) So fragt auch der Verein »Kritische Aufklärung über Organtransplantation e. V.« (KAO) in seiner Schrift »HIRNTOD – Der neue Tod bei lebendigem Leib« u. a.: »Sollen wir das christliche Menschenbild von der Ganzheit des Menschen aus LEIB, SEELE, GEIST aufgeben und das Maschinenmodell der Transplantationsmedizin übernehmen?«

Dr. W. H. Rosowsky, in 41236 Mönchengladbach-Rheydt, Diplom-Psychologe und Psychotherapeut, der nach dem Besuch eines humanistischen Gymnasiums neben Psychiatrie und Psychologie u. a. auch katholische Theologie und Philosophie studierte, sammelt seit vielen Jahren die an zahlreichen Orten gegebenen Gottesoffenbarungen für die Menschen, die das fassen können. Darunter befinden sich Aufklärungen Gottes zur Organtransplantation, in denen es auszugsweise u. a. heißt:

> »Die Frage, ob Organverpflanzung in Meinem Sinne ist, ist schnell beantwortet. Wie kann eine so absolut unnatürliche Handlungsweise Mein Wohlgefallen finden? Sie ist nicht in Meiner Ordnung und wird es auch nie sein, sondern sie ist – wie alles pervertierte Handeln dieser Zeit – ein zugelassenes Übel …
> Die Leiber der Sterbenden werden gnadenlos ausgeschlachtet, während die Seele im Todeskampf zittert und ihre Seelensubstanz zusammenzuklauben

genötigt ist, um ihren Seelenleib im Jenseits wieder voll funktionsfähig in Empfang zu nehmen. Diese Seelen empfinden mit Schrecken, wie ihrem Leib die warmen Organe entnommen werden. Sie gelten als gestorben und somit empfindungsunfähig, und doch, solange der letzte warme Atem nicht in die geistige Welt entströmt ist, so lange empfinden sie noch tiefe Schmerzen und die Qualen der Angst und Pein …«. (Deutschland 14.12.2002).

»Ein Mensch hat hier auf der Erde nur eine gewisse Zeit. Und diese Zeit liegt bei Mir. Und wer damit nicht zufrieden ist und sich gegen diese Zeit, die Ich ihm gegeben habe, auflehnt, derjenige geht auf die andere Seite und verabschiedet sich gewissermaßen von Mir. Er holt sich ›Hilfe‹, wo keine Hilfe geholt werden kann …

Ihr wisst, dass der Mensch, der dem Tode nahe ist und bei dem noch die elektrischen Energien vorhanden sind – d. h. es geht noch der Blutkreislauf, es wird noch verstoffwechselt –, dieser Mensch ist noch nicht tot. Jedenfalls haben seine Seele und sein Geist seinen Körper noch nicht verlassen … Aus diesem Grunde ist es ein furchtbares Erlebnis für das Wesen, das sich im Sterbevorgang befindet, denn es wird noch richtige Schmerzen empfinden. Wenn Ich euch heute sage – wenn jetzt dieser Mensch, der zum ›Gesunden‹ befördert wird dadurch, dass er einen Teil des anderen in sich aufnimmt: Dieser Mensch ist von dieser Stunde an nicht mehr frei! Er kann nicht mehr frei sein, weil das Wesen, das sich von seinen Körperteilen getrennt hat und nicht der Verwesung übergeben hat – sondern diese Niere und diese Lunge arbeiten weiter –, dieser Geist kann sich von seiner Lunge, die da noch im Gange ist, und seinen Nieren nicht distanzieren: d. h., dass dieser Mensch bis zum Ende des Lebens des anderen Menschen, der ja gesundet ist, in seiner Niere bleiben muss und mit ihr leben muss. Es geht nicht anders.

Was das für eine grauenhafte Geschichte ist, könnt ihr euch ja vielleicht vorstellen – dass dieser Geist jetzt vielleicht 10, 20, 30 Jahre mitgezogen wird, da sein muss auf diesem Lebenslevel – wie ihr sagt – desjenigen, der da auf diesem irdischen Planeten noch weiterleben muss. Er muss diese lange Zeit in seiner Nähe bleiben und muss all das miterleben, was dieser Mensch jetzt erlebt. Er lebt also ein zweites Leben, obwohl er sein eigenes abgeschlossen hat, sein irdisches Leben alles gelernt hat, was er in dieser irdischen Phase hat lernen können, und nun kann er nicht tun, was er tun wollte, d. h., in anderen Bereichen des Geistes noch etwas dazulernen.

Ihr müsst euch vorstellen, dass ihr ein Leben einfach mit einem anderen Menschen teilen müsst, mit dem ihr überhaupt nichts gemein habt. Denn er hat eine andere Fantasie, einen anderen Kopf, andere Vorlieben, andere Freunde – Freuden natürlich auch. Er hat ein Umfeld um sich, mit dem ihr euch überhaupt nicht identisch wisst.

Könnt ihr euch vorstellen, wie schrecklich es ist für den, der immer »mitmarschieren« muss, obwohl er sich längst hätte davonmachen können ... Wenn ihr das alles hört, dann wisst ihr, dass solches von Mir nicht gewollt ist und dass es schrecklich ist, dass solches geschieht. Es ist wahrhaftig der Weg des Widersachers, der mit seinem Verstand, d. h. mit den Verstandeskräften, die er in den Menschen, die Mich nicht kennen und Mich nicht lieben, in Gang bringt. Darum besteht solches Geschehen. Und wer diesen Weg geht, ist in sich bestraft und hat die wahre ›Hölle‹ zu ertragen ...« (Deutschland, 21.08.1994).

Die zitierten Gottesoffenbarungen sind dem Buch »Kleines Repetitorium – Grundlegende Aussagen Gottes aus unserer Zeit – Gottesoffenbarungen Aktuell bis 2011«, S. 67, 70, entnommen, einem unverkäuflichen Privatdruck des Dr. W. H. Rosowsky.

Darüber klären Mediziner Organspender oder deren Angehörige und Organempfänger selbstverständlich nicht auf. Sie können es nicht, weil ihre atheistische, materielle Medizin-Wissenschaft wohl den irdischen menschlichen Körper, nicht aber dessen Geist und Seele kennt. Im Interesse der Einwilligung zur Organspende und dem Wunsch nach der Einverleibung von Organen anderer Menschen wird aber auch viel von dem verschwiegen, was sie im Bereich dieser materiellen Welt zu erkennen vermögen. Der Verein Kritische Aufklärung über Organtransplantation e. V. zitiert den inzwischen verstorbenen, führenden **Transplantations-Medizin-Professor Rudolf Pichlmayr**, früher Leiter des Transplantationszentrums in Hannover, in seiner Schrift »Organspende – Die verschwiegene Seite« wie folgt: **»Wenn wir die Gesellschaft über die Organspende aufklären, bekommen wir keine Organe mehr.«** Aufklärung erfolgt daher hauptsächlich einseitig »pro Organspende«. Nicht verwunderlich ist in diesem Zusammenhang die Meinung des Vorsitzenden der Ständigen Kommission Organtransplantation der Bundesärztekammer, Prof. Hans Lilie: »... es bleibt dem Einzelnen überlassen, sich selber die notwendigen Informationen zu besorgen, sodass eine Organspende auch dann zulässig ist, wenn der Betreffende sich für die Spende ausgesprochen hat, ohne über die Einzelheiten zuvor aufgeklärt worden zu sein.« (Aus seinem Vortrag beim 110. Deutschen Ärztetag in Münster am 16.05.2007) Mein früherer Mandant, Dr. med. M.-O. Bruker, dessen Gesundheitsbücher in über 3 Millionen Exemplaren vertrieben wurden, äußerte sich u. a.: »Ich schäme mich für den Ärztestand, dass nicht alle Kolleginnen und Kollegen aufstehen und laut NEIN sagen zu der Art der Aufklärung über die Organtransplantation. Sie befürworten damit stillschweigend ein dunkles Geschäft, das unethisch und unmoralisch betrieben wird. Es setzt sich über die Menschenwürde hinweg und nimmt eine Tötung des Lebenden billigend in Kauf. Von dieser Art der Geschäftemacherei distanziere ich mich auf das Schärfste und mit ihr sicher der größte Teil der Ärzte.« Er schrieb auch: »Heute gilt – wie absurd – der ›Hirntod‹ als Gesamttod, obwohl keine ausreichenden Beweise dafür vorliegen. Auf diese Weise wurde durch die Gesetzgebung ein Freispruch für alle ›Handlanger‹ dieses ›Mordsgeschäfts‹ erreicht.« (Aus »Sterben auf Bestellung – Fakten zur Organentnahme«, Hrsg. Ilse Gutjahr, Dr. phil. Mathias Jung)

Andreas Brenner, Philosophie-Professor an der Universität Basel und an der Fachhochschule Nordwest-Schweiz, der sich insbesondere mit Bioethik und Biopolitik befasst, antwortete auf die Frage, ob der Mensch tot ist, wenn sein Gehirn nicht mehr funktioniert: »Ein Hirntoter ist nach allgemeiner Definition ein Mensch mit einer starken Gehirnschädigung. Und diese ist vermutlich irreversibel. Das bedeutet aber nicht, dass er tot ist.« Professor Andreas Brenner mit der Behauptung konfrontiert, in den USA diskutiere man inzwischen darüber, **die »Gehirntod«-Definition fallen zu lassen und von Tötung zu sprechen,** äußerte sich wie folgt: »Ja, man findet das Hirnkonzept einerseits nicht schlüssig **und gibt zu, dass Organentnahme bei Hirntod eine Tötung ist,** will aber mit der Transplantationsmedizin trotzdem weitermachen. **Man überlegt sich nun, die Organentnahme als ›justified killing‹ zu betrachten, als gerechtfertigtes Töten.** Das ist verheerend. Damit verabschiedet man sich vom Geist des über 2000 Jahre geltenden hippokratischen Eides, wonach die Ärzte das Leben nicht beenden dürfen.« Und auf die Frage, wie soll man dann das Problem lösen? Die Leichenspende verbieten?: »Ja, und dies aus zwei Gründen: Zum einen sind, wie der amerikanische Bioethikerrat heute feststellt, viele Menschen, denen Organe entnommen werden, erst nach der Explantation tot, d. h., sie werden durch die Explantation getötet. Zum anderen sollte der Staat auch nicht die gesetzliche Möglichkeit eröffnen, dass sich jemand für einen anderen opfert … Der Staat müsste hier einen Riegel vorschieben und sagen: NEIN! Selbstopferung ist nicht erlaubt. Man sollte nur noch reine Lebendspenden zulassen.« Und auf die Frage, wie erklären Sie dies jenen Leuten, die dringend auf ein Organ angewiesen sind: »Es gibt so etwas wie Schicksal. Jeder von uns stirbt. Und es gibt Situationen, in denen ist ein Leben nicht mehr zu retten …« (Aargauer Zeitung vom 9.8.2011).

Nach all dem sind die hier gegebenen Informationen insgesamt zur Entscheidungsfindung des Einzelfalles unentbehrlich. Denn wie eingangs bereits gesagt: Die Quelle vieler Leiden ist die Unwissenheit. Wissen jedoch hilft, viele Leiden zu vermeiden. Dass die Medizin der Zukunft – nach Überwindung des materiellen Zeitalters – die gegen jede natürliche Ordnung gerichteten, perversen Organtransplantationen nicht mehr kennen wird, ist meine feste Überzeugung.

Tue deinen Mund auf für die Stummen und für die Sache aller, die verlassen sind. (Sprüche, 32. Kap. 8)

»Ist der ›Hirntote‹ wirklich tot oder ist er ein Sterbender?«

Die Bundeszentrale für gesundheitliche Aufklärung (BZfgA) und die Deutsche Stiftung Organtransplantation (DSO) besitzen praktisch das Monopol im Bereich der Information zur Organspende. Seit Jahrzehnten proklamieren beide Organisationen – der Bundesärztekammer folgend – die Gleichsetzung von »Hirntod« und Tod des Menschen als unanfechtbare, naturwissenschaftliche Basis der Transplantationsmedizin. Zu Recht? Konträr dazu heißt es z. B. in der Presseerklärung des KAO (Kritische Aufklärung über Organtransplantation e. V.), einer 20-seitigen, hochinformativen Schrift, an deren Ende unter der Überschrift »Schlussfolgerung«:

> **»Nach meinem Empfinden existiert die ganze Transplantationsmedizin nur auf der Grundlage einer Lüge – der Lüge, dass der Mensch tot ist, wenn man einen Teil von ihm, sein Gehirn, als *tot* bezeichnet.«**

Die Deutsche Stiftung Organtransplantation (DSO) hat – gefordert von der Bundeszentrale für gesundheitliche Aufklärung (BZfgA) – im Auftrag des Bundesministeriums für Gesundheit im Mai 2011 die 6. Aktualisierte Auflage der Schrift herausgegeben »Kein Weg zurück … Informationen zum Hirntod« ISBN-Nr. 978-3-936550-92-4. Im Vorwort dieser Schrift führt Professor Dr. med. Günter Kirste für den Medizinischen Vorstand der DSO u. a. aus, dass in der breiten Bevölkerung weiterhin ein enormer Informationsbedarf zum Thema Organspende im Allgemeinen und zum Thema Hirntod im Besonderen bestehe. Gerade in jüngster Zeit sei die Ansicht vertreten worden, dass neue Erkenntnisse die Definition und die Diagnose des Hirntodes infrage gestellt hätten – dies sei jedoch nicht der Fall. Anthropologisch ausgerichtete Ethiker hätten Vorbehalte gegen ein solches Konzept (Hirntod = Tod). Einen Konsens zwischen diesen Ansichten habe und werde es nie geben. Da die Frage der Feststellung des Hirntodes eine medizinisch-wissenschaftliche sei, müsse der wissenschaftliche Aspekt im Vordergrund bleiben. Indessen seien die Ängste und Vorurteile der Menschen gegenüber dem Hirntod die gleichen geblieben. Die Furcht davor, »zu früh für tot erklärt zu werden«, sei bei vielen tief verwurzelt. Die Broschüre wolle einen Beitrag leisten, über die Ursachen, Symptome und die Feststellung des Hirntodes aufzuklären, und damit den Anstoß zu einer persönlichen Entscheidung für die Organspende geben.

In der Broschüre liest man u. a.: »Die zentrale Frage ist: Was gibt dem Arzt die Sicherheit bei der Feststellung des Todes. Ein sicheres Todeszeichen muss immer einen endgültigen Zustand belegen. Die Leichenstarre, Totenflecken und ggfs. Zeichen einer beginnenden Verwesung sind klassische ›sichere‹ äußere Todeszeichen, die in den vorigen Jahrhunderten die einzige Möglichkeit einer sicheren Todesdiagnose waren. Heute ist der Nachweis des Hirntodes als ebenso sicheres inneres Todeszeichen dazugekommen …« »Der nachgewiesene Ausfall des gesamten Gehirns, der Hirntod, ist das sichere innere Todeszeichen des Menschen.« »Es gibt keine Abstufung des Todes; ein Mensch, bei dem der Hirntod – also der vollständige und endgültige Ausfall des gesamten Gehirns – festgestellt wurde, ist tot …« »Wie jede andere Diagnose erfordert die Hirntodfeststellung ein Höchstmaß an ärztlicher Sorgfalt.« » … Bewusstes Schmerzempfinden gibt es im Hirntod nicht. Es setzt ein Bewusstsein voraus, das an ein funktionierendes Gehirn gebunden ist. Daher kann ein Hirntoter keinen Schmerz mehr empfinden.«

Am Ende der Broschüre werden Antworten auf die häufigsten Fragen gegeben. Auf die letzte Frage, Frage 12: »Ist der Hirntote wirklich tot oder ist er ein Sterbender?« u. a.: … Deshalb ist der Hirntote nicht mehr ein Sterbender, sondern ein Gestorbener, ein toter Mensch … Das Sterben des Menschen ist mit dem Hirntod beendet.«

Kann dergleichen als Wahrheit akzeptiert werden, nämlich dass Gehirntod = Tod? Dergleichen kann kein normal denkender Mensch akzeptieren. **Ob ein Mensch auf dieser Erde geboren oder gestorben ist, konnte durch all die Jahrhunderte, ja durch die Jahrtausende von jedermann erkannt und festgestellt werden,** auch wenn die Bürokratie in Deutschland für die Feststellung des Todes eine ärztliche Todesbescheinigung benötigt, um das Vertuschen eines gewaltsamen Todes oder einen Scheintod zu verhindern. Die Diagnose »tot« kann jedoch jeder praktische Arzt leicht stellen und bestätigen. Zur Feststellung des

»Hirntodes« bedarf es umfänglicher Untersuchungen durch zwei Ärzte, da der gesamte Körper des Patienten ja noch lebt und lediglich das schwer geschädigte Gehirn nicht mehr vollständig funktioniert. **Der tote Mensch kann beerdigt oder in einem Krematorium verbrannt werden. Bei einem Gehirntoten ist dies nicht möglich, weil sein gesamter Körper noch lebt, lediglich die Funktion des Gehirns ausgefallen ist.** Das Sterben ist also im Gegensatz zu der Behauptung der DSO mit dem bloßen Gehirntod noch keineswegs beendet.

Die Behauptung der DSO, dass der Gehirntote keine Schmerzen mehr erleiden könne, schmerzunempfindlich sei, wird nachdrücklich dadurch widerlegt, dass es in der Schweiz vorgeschrieben ist, dass »Gehirntote«, die explantiert werden sollen, zuvor in Vollnarkose versetzt werden müssen, und selbst die DSO zur »Optimierung des chirurgischen Eingriffs« 5 Fentanyl, ein synthetisches Opioid (Opiat) empfiehlt, eines der stärksten Schmerzmittel, ca. 100 x stärker als Morphin, die Gabe muskelentspannender und schmerzstillender Mittel, ja selbst die Vollnarkose in Deutschland praktiziert wurden oder werden. Das Festschnallen des »Gehirntoten« auf dem Operationstisch wurde und wird zur Durchführung der Organentnahme nach vorherigem Aufschneiden und Aufsägen des Körpers von der Kinnspitze bis zum Schambein häufig praktiziert, um sich vor abwehrenden Bewegungen des Gehirntoten zu schützen.

Kein Wunder, dass das Presidents' Council on Bioethics (USA) im Dezember 2008 eindeutig klarstellte: »Der Hirntod ist naturwissenschaftlich nicht dem Tod gleichzusetzen.«

Eingeräumt wurde, dass die bisherigen Annahmen über den unmittelbaren engen zeitlich und kausalen Zusammenhang zwischen diagnostiziertem Hirntod und der Desintegration der körperlichen Funktionen insgesamt empirisch widerlegt sei. Das Gehirn sei nicht der Integrator der verschiedenen Körperfunktionen, vielmehr sei die Integration eine emergente Eigenschaft des ganzen Organismus. Bis zum Jahre 1998 dokumentierte der Bericht 175 Fälle »chronischen Hirntodes«, in denen zwischen Hirntod und irreversiblen Herzstillstand eine Woche bis 14 Jahre lagen! **In der amerikanischen Literatur wird deshalb auch schon lange – um der Wahrheit willen – gefordert, die Fiktion einer Gleichsetzung von »Hirntod« und Tod des Menschen aufzugeben** – jüngst erneut von dem Harvard-Mediziner Robert D. Truog. **Diesen Entwicklungen und Erkenntnissen kann und darf sich ein verantwortlicher Gesetzgeber nicht entziehen.** Das schlussfolgert Professor Dr. Wolfram Höfling, Inhaber des Lehrstuhls für Staats- und Verwaltungsrecht, Finanzrecht sowie Gesundheitsrecht an der Universität zu Köln, in der von ihm erarbeiteten Stellungnahme im

Patientenschutz-Info-Dienst vom 21.12.2011, herausgegeben von der Patientenschutz-Organisation Deutsche Hospiz Stiftung.

Es sind also im Gegensatz zu dem, was Professor Dr. med. Günter Kirste für den Medizinischen Vorstand der Deutsche Stiftung Organtransplantation ausführt, keineswegs nur Meinungen von anthropologisch ausgerichteten Ethikern, die Vorbehalte gegen das Hirntod-Konzept haben, sondern – wie wir auch im Weiteren noch sehen werden – Wissenschaftler, die wissenschaftlich festgestellt haben:

»Der Hirntod ist naturwissenschaftlich nicht dem Tod gleichzusetzen!«

Wie ist es zu dem Begriff »Hirntod« gekommen? Nachdem der Chirurg Christian Barnard am 3.12.1967 in Kapstadt dem 55-jährigen Empfänger Louis Washkansky das Herz der 25-jährigen Spenderin Denise Ann Derwall transplantiert hatte, dem in den USA 1968 70 Chirurgen gefolgt waren, hatten die Staatsanwälte pflichtgemäß gegen die Chirurgen wegen vorsätzlicher Tötung zu ermitteln begonnen. **Denn transplantiert waren ja nicht tote Herzen von toten Patienten in lebende Patienten – was gar nicht möglich ist –, sondern lebende Herzen, die schwer gehirngeschädigten, aber lebenden Patienten herausgeschnitten worden waren mit der Folge, dass diese dabei oder dadurch auf dem Operationstisch getötet worden waren.** Bereits 48 Stunden nach der Kapstädter Operation hatte Adrian Kantrowitz in den USA einem Säugling ein lebendes Herz eingepflanzt – mit tödlichem Ausgang. Der Düsseldorfer Chirurg und spätere Nobelpreisträger Professor Werner Forßmann scheute sich nicht, diesen Eingriff als Mord zu bezeichnen! Dem waren viele weitere Morde bzw. derartige Menschenversuche gefolgt.

Um der strafrechtlichen Verfolgung wegen der vorsätzlichen Tötung der Organspender in Vergangenheit und Zukunft zu begegnen, bildeten Ärzte – unterstützt von Ethikern und Juristen an der Harvard-Universität die Adhoc-Kommission. **1968 führte sie ohne jede wissenschaftliche oder juristisch haltbare Grundlage den sog. »Hirntod« in die Medizin ein, indem sie den Todeszeitpunkt des schwer gehirngeschädigten Patienten zeitlich vorverlegte in dessen Sterbevorgang, also in eine Zeit, zu welcher sich dieser Patient noch im Leben befand, sein intaktes Herz den gesamten Kreislauf des Körpers in Gang hielt, der Patient ernährt wurde, noch Stuhlgang hatte, Urin ließ, usw., usw., wie jeder andere komatöse Patient.** Zuvor hatte die Kommission festgestellt, dass der bisher klassische Todeszeitpunkt und Tod angeblich veraltet seien! Noch im selben Jahr 1968 befasste sich die deutsche Gesellschaft für Chirurgie in München und 1972 mit diesem Thema in Wien. Der unter der irreführenden Bezeichnung »Deutsche Bundesärztekammer« auftretende und handelnde, nicht rechtsfähige Verein (er ist keine öffentlich-rechtliche Institution auf Bundesebene und besitzt auch keine hoheitlichen Befugnisse) übernahm die Hirntod-Definition als neu festgestellten Todeszeitpunkt unter Verzicht auf eine wissenschaftliche und rechtliche Begründung (vergl. Prof. Dörner, Anhörungsprotokoll Nr. 17, Ausschuss für Gesundheit, 28.06.1995, Deutscher Bundestag; Deutsches Ärzteblatt, Heft 14, 4.82; Heft 31/32, 8.86; Heft 43, 10.86; Heft 49, 12.91; Heft 44, 11.93 Birnbacher). Seitdem beharrt dieser sich »Bundesärztekammer« nennende nicht rechtsfähige Verein wahrheitswidrig darauf, der Hirntod sei naturwissenschaftlich-medizinisch als Todeszeitpunkt des Menschen festgestellt worden. Als der Gesundheitsausschuss des Bundestages vom 29. Juni 2011 erneut eine Sachverständigen-Anhörung zur Frage der ethischen und rechtlichen Aspekte von Organspendern veranstaltete, erklärte der Präsident der BÄK Frank-Ulrich Montgomery, in der »seriösen herrschenden Mehrheitsmeinung der Wissenschaft« gäbe es zum Hirntodkonzept keine nachgewiesenen Änderungen. Der BÄK-Berater, der Neurologe, Prof. Heinz Angstwurm, erklärte, die Hirntod-Diagnostik werde zwar »immer wieder angezweifelt«, es gäbe aber »keine neuen Erkenntnisse«.

Die Wahrheit wäre es gewesen, naturwissenschaftlich-medizinisch von Hirnversagen oder Hirnausfall zu sprechen. »Das Krankheitsbild ›Hirnversagen‹ bei sonst lebendigem Leib konnte erst seit 1959 mit der Entwicklung der Intensivmedizin bzw. Einführung der künstlichen Langzeitbeatmung beobachtet und beschrieben werden. Damals nannte man das Krankheitsbild ›coma dépassé‹ (»Sterben auf Bestellung«, Hrsg. Ilse Gutjahr/Dr.phil. Mathias Jung, S. 72–73). Die französischen Ärzte Molaret und Goulon, die es entdeckt hatten, nannten es »coma dépassé (endgültiges Koma), keinesfalls aber Gehirntod, geschweige denn Tod des Menschen. Die Harvard Ad-hoc-Kommission, die den »Hirntod« als neuen Todeszeitpunkt, als neue Todesdefinition des Menschen ohne wissenschaftliche Begründung durch zeitliche Vorverlegung des Todes in den Sterbevorgang eines Patienten eingeführt hatte, erklärte lediglich den »**Bedarf für ein neues Todeskriterium**« mit zwei Gründen. Zum einen bedürfe es eines Zeitpunktes, der es erlaube, eine Therapie abzubrechen, also dem Patienten im bisher bekannten Sinne sterben zu lassen. **Zum zweiten könnte die überholte klassische Definition des Todes zu Kontroversen bei der Beschaffung von Organen von Patienten führen, die bisher als noch lebende, zu pflegende Patienten angesehen worden seien. Mit dem sog. »Hirntod«, der angeblich mit dem Tod des Menschen identisch sein sollte, war das Fundament gefunden**

worden, welches es erlaubte, die Organtransplantation als Therapie-System in die Medizin einzuführen. Denn mit ihr sollte ein für alle Mal sichergestellt werden, dass die Organe nicht von Lebenden, sondern von Toten entnommen werden (»Sterben auf Bestellung«, S. 126–129).

Manche Transplantationsmediziner nennen den zu explantierenden lebenden Körper eines »Hirntoten« zynisch »human vegetable« (menschliches Gemüse) (»Sterben auf Bestellung«, S. 11). Professor Dr. Gerhard Roth vom Institut für Hirnforschung an der Universität Bremen äußerte sich jedoch wie folgt: »Der Mensch ist deshalb ein Mensch, weil er einen Körper hat. Wenn dieser im biologischen Sinne noch funktioniert, das Herz schlägt und die Organe Stoffwechsel zeigen, dann ist es unwesentlich, ob das Gehirn seine Funktion ausübt. **Der Mensch ist nicht deshalb schon tot, weil er nach dem Hirntod nicht mehr denkt … Das würde Komapatienten zu Leichen machen. Die Lösung des Problems liegt darin, dass man zugibt, dass der künstlich beatmetet Hirntote ein Sterbender ist.** Er ist auf dem Weg zum Tod. Sein Gehirn ist irreversibel geschädigt, aber er ist keine Leiche. Man muss seinen Zustand als Sonderform des Lebens ansehen …« Der Bremer Hirnforscher Professor Dr. Gerhard Roth brachte den Skandal des »Hirntodes« auch ungeschminkt so auf den Punkt: **»Um Transplantationen rechtlich möglich zu machen, musste dieser sterbende Organismus daher zur Leiche erklärt werden. Das ist aber naturwissenschaftlich unhaltbar, wie man in jedem Physiologie-Lehrbuch nachlesen kann** (Süddeutsche Zeitung, 12.06.1997; »Sterben auf Bestellung«, S. 11). Dementgegen wurde der »Hirntod« von der Transplantationsmedizin etabliert, weil er sie vor der Anklage wegen vorsätzlicher Tötung (Mordes) der Explantierten schützte. Er wurde von Pschyrembel, dem klassischen klinischen Wörterbuch-Lexikon, Totenschein, Krankenkassen, Staatsanwaltschaften und Fiskus als sicheres Zeichen des Todes übernommen. In dem seit 1997 bundesweit einheitlich formulierten Totenschein ist in der Rubrik »Sichere Zeichen des Todes« neben Totenstarre, Totenflecken, Fäulnis jetzt auch der »Hirntod« eingetragen.

Die theologische Ethik hat ebenfalls ohne eigene wissenschaftliche Prüfung den Standpunkt »Hirntod = Tod« kurzerhand übernommen, indem sie die Organspende als »Akt christlicher Nächstenliebe« preist, als Tötung eines menschlichen Lebens nicht erkennt – wie die Schrift der Kirchen »Organtransplantationen« von 1990 zeigt. Auch das Recht, insbesondere das Strafrecht, hat das Hirntod-Kriterium ohne eigenständige Überprüfung von der Medizin übernommen, gilt dort als die »herrschende Meinung«, die den Hirntod mit dem Tod des Menschen gleichsetzt. Auch das Verfassungsrecht hat die Anerkennung des Hirntodkriteriums in der Vergangenheit unbesehen aus dem Strafrecht übernommen. Deshalb ist es auch kein Wunder, dass die Politik ohne eigene tief greifende wissenschaftliche und rechtliche Nachprüfung das »Prinzip »Hirntod = Tod« ausweislich des Transplantationsgesetzes vom 25.06.1997 übernommen hat. Nach Richard Fuchs hat sich der Bundestag mit der Beantwortung der Frage im Transplantationsgesetz, wann der Mensch tot ist, ein Mandat erteilt, das ihm nicht zusteht! (»Sterben auf Bestellung«, S. 13) Für die Regelung, dass der »Hirntod« eine ausreichende Mindestnorm für eine Organentnahme sein soll, votierten 424 Abgeordnete, für die Alternative, dass der Hirntod keineswegs das Ende des gesamten menschlichen Lebens bedeute, nur 201 Abgeordnete. Martin Emmerich von der »Frankfurter Rundschau« kommentierte das Abstimmungsergebnis im Deutschen Bundestag zum Transplantationsgesetz damit, die Mehrheit der Abgeordneten habe bei der Abstimmung die Balance bei der Gratwanderung verloren und sei abgestürzt (!) (»Sterben auf Bestellung, S. 16). Dazu Richard Fuchs in dem Buch »Sterben auf Bestellung«, S. 15: »Das für die meisten überraschend deutliche Abstimmungsergebnis war das Ergebnis einer massiven Pression der Transplantationsmedizin im Vorfeld. Sie forderte ultimativ in 3 Anhörungen des Gesundheits- und Rechtsausschusses des Deutschen Bundestages eine gesetzliche Gleichstellung des »Hirntodes« mit dem Tod des Menschen. Anderenfalls würden sie sich für die Transplantation in Deutschland verweigern.« Auf diesem Hintergrund muss es allerdings beachtlich erscheinen, dass immerhin 201 Abgeordnete sich nicht auf diese Weise korrumpieren ließen, weil sie als Wahrheit erkannt hatten, dass der »hirntote Patient« ein noch lebender, wenn auch ein schwer gehirngeschädigter im irreversiblen Koma lebender Patient ist!

Der Steuerzahler bezahlte in den Jahren 1996 – 1997 eine von der Bundeszentrale für gesundheitliche Aufklärung im Auftrag des Bundesministeriums für Gesundheit veranlasste Anzeigenserie unter dem Motto: »Schön, wenn Sie Ihr Herz verschenkt haben. Wollen Sie's nach Ihrem Tod noch einmal tun?« Geworben wurde für die Organtransplantation mit der Begründung, dass dies ein Akt der Nächstenliebe, wenn nicht gar der christlichen Nächstenliebe sei, oder mit dem schlechten Gewissen des Einzelnen, der ohne eigene Kosten, Leid und Schmerzen als Toter die Rettung des Lebens eines anderen Menschen verhindere! Folgt man Richard Fuchs, so muss eine derartige Form der »Aufklärung« in Zukunft von Bund, Ländern, Kommunen und Krankenkassen finanziert werden. »In den Reigen der werbenden Multiplikatoren reihten sich auch schon bisher Apotheken, niedergelassene Ärzte und die Bundesärztekammer ein, der Caritasverband e. V., das Deutsche Rote Kreuz, der ADAC, die Johanniter-Unfallhilfe, der Malteser-Hilfsdienst und der Bundesverband der Motorradfahrer (»Sterben auf Bestellung«, S. 26). Das Herzzentrum in Berlin, das sich seit vielen Jahren mit der Transplantation von Herzen befasst, unterstützt seit Oktober 2009 die Aufforderung zur Organspende in der Berliner Öffentlichkeit mit riesigen Plakaten, auf denen dem Betrachter mitgeteilt wird, »Das kannst Du auch!«, der Spender sein! »Supermann« oder eine »Superfrau«. Seit dem 3. Mai 2010 lanciert das Herzzentrum eine weitere Werbekampagne, in der Porträts der Schauspieler Till Schweiger und Matthias Schweighöfer, des Filmproduzenten Roland Emmerich, des Boxers Arthur Abraham und des Modells Luca Gajdus mit folgender Frage zu sehen sind: »Du bekommst alles von mir. Ich auch von Dir?«

Das alles erinnert mich daran, dass im Mittelalter die Menschen – von interessierter Seite dahin gehend informiert – Jahrzehnte, wenn nicht Jahrhunderte lang fest daran glaubten, dass es Hexen gebe, diese zu Recht verfolgt, gemartert und letztendlich zum Tod auf dem Scheiterhaufen verurteilt und dort bei lebendigem Leib verbrannt wurden. Möglich war dies alles nur, weil von interessierter Seite das Bewusstsein der Menschen in dieser Weise mit der entsprechenden groben Unwahrheit erfolgreich vergiftet worden war. Letztlich obsiegten jedoch die Menschen, die sich einen klaren Kopf bewahrt hatten und dafür sorgten, dass diese als Wahrheit geglaubten Wahnideen begraben, der auf diese Weise betriebene grausame Massenmord beendet wurde. Ebenso wie es in der Zeit davor oder danach dem Hexenwahn als die Mehrheit der Menschen beherrschenden Wahn erging, wird es dem die Organtransplantation ermöglichenden Wahn vom »Hirntod« des Menschen gehen. Denn auf die Dauer lässt sich keine Lüge aufrechterhalten, lässt sich die Wahrheit nicht weiter unterdrücken. Das offenbaren z. B. folgende bekannt gewordene Erkenntnisse und Stimmen:

Im März 1996 erklärte der Erzbischof von Köln, Joachim Kardinal Meisner: **»Die Identifikation des Hirntods mit dem Tod des Menschen ist aus christlicher Sicht beim derzeitigen Stand der Debatte nicht mehr vertretbar.** Der Mensch darf nicht auf seine Hirnfunktion reduziert werden. **Weder kann man daher sagen, der Hirntod bedeute den Tod, noch ist er ein Todeszeichen. Er ist auch nicht der Todeszeitpunkt.«** (»Sterben auf Bestellung«, S. 151, 134) Papst Benedikt XVI., der der Behauptung folgend, die Organspende sei ein Akt christlicher Nächstenliebe sich zunächst zur Organspende »post mortem« als damaliger Kardinal Ratzinger bereit erklärt hatte, nahm in Kenntnis der

Wahrheit diese Erklärung als Papst zurück. Außerdem forderte er, Organentnahmen seien nur »ex cadavere« zulässig, also nur aus dem Leichnam eines im klassischen Sinne toten Menschen.

Dr. theol. Klaus-Peter Jörns, Professor für Praktische Theologie und Leiter des Institutes für Religionssoziologie und Gemeindeaufbau an der Theologischen Fakultät der Humboldt-Universität zu Berlin, Mitglied der Akademie für Ethik in der Medizin (Göttingen) und der New York Academy of Sciences, führt in seinem Beitrag **»Der Hirntod ist nicht der Tod des Menschen«** in dem Buch »Sterben auf Bestellung« S. 136 u. a. aus: **»Aus allem folgt: Außer dem speziellen (und paradoxen) Interesse der Transplantationsmediziner, lebende Organe aus toten Menschen haben zu wollen, gibt es sonst kein Interesse daran, die Lebenszeichen ›hirntoter Menschen‹, die sich vor oder während der Explantation zeigen, nicht als Lebenszeichen anzusehen … ›Hirntote‹ sind Menschen, die sich in der letzten Phase ihres Sterbens befinden, also Lebende. Tot ist der Mensch erst, wenn sein Kreislauf zum Stillstand gekommen ist und er in keiner Weise mehr auf Reize aus der Umwelt reagiert. Da reichen die alten und unbezweifelten Todeskriterien aus, die auch in der Bevölkerung akzeptiert werden.«** »Und damit steht die Frage da, ob nicht auch jener Eingriff in die letzte Sterbephase eines Menschen eine Tötungshandlung darstellt, so gerechtfertigt sie – durch Gesetz und Einverständnis des Betroffenen – auch sein mag. Diese Frage wird nicht dadurch gegenstandslos, dass man dem Dogma folgt, ein ›Hirntoter‹ sei ein toter Mensch. An der Tatsache, dass ›hirntote‹ Menschen im Leben gehaltene Menschen sind und dass dieses Leben nicht aus den Maschinen kommt, ändert ja dieses Dogma nichts.« (»Sterben auf Bestellung«, S. 146) **»Die einzige und wirklich grundsätzliche Alternative zur Organtransplantation als Therapieform ist der Verzicht darauf, fremde Organe, seien sie von Menschen oder Tieren, erhalten zu wollen, wenn das Leben in der eigenen leiblichen Integrität gefährdet ist.«** (»Sterben auf Bestellung«, S. 144)

Dietmar Hahn, evangelischer Theologe, Militärdekan beim Nationalen Befehlshaber, Heeresführungskommando Koblenz, formulierte seine Erkenntnisse u. a. wie folgt: **»Im Interesse an der Verfügbarkeit transplantierbarer Gewebe werden Kriterien zum Todesbegriff erhoben, das irreversible Koma als ›Gehirntod‹ erklärt und mit dem Tod des Menschen gleichgesetzt. Diese Vordatierung des Todes erklärt den sterbenden Menschen zum Leichnam, obwohl doch ein betreffender komatöser Mensch tatsächlich in den Sterbeprozess eingetreten und der Sterbeprozeß noch nicht abgeschlossen ist.** Sie setzt pragmatisch die Todesgrenze fest, obwohl Wissen an dieser Stelle mangelt und korrekterweise ein Übergang vom Leben zum Tode vorliegt ... Die vorgezogene Todesdefinition verdeckt, dass die Maßnahmen zur Organentnahme in den Sterbeprozess eingreifen ... « (»Sterben auf Bestellung«, S. 162/163).

Anlässlich der Debatte um das Transplantationsgesetz hatte bereits der Arzt und SPD-Abgeordnete Wolfgang Wodarg darauf hingewiesen, **den »Hirntod« als Kriterium für die Organentnahme anzuerkennen, bedeute, dass Bewusstlose, zu Toten umdefiniert würden, um Organe zu gewinnen.**

Professor Linus Geisler wies in einer Anhörung deutlich auf die Lebenszeichen sog. hirntoter Patienten hin: Er sei warm und durchblutet, Herz und Kreislauf funktionieren, er atme noch selbstständig, seine Nieren arbeiteten, seine Verdauung funktioniere, er zeige spontane Bewegungen und bei Organentnahme zeige sich zuweilen ein massiver Blutdruckanstieg bis auf Werte von 230/120 mm Hg. Hirntote Männer könnten Erektionen und einen Samenerguss bekommen und seien demnach fortpflanzungsfähig (Ausschuss Drucksache 13/114, S. 36 – 43). Professor Geisler schreibt weiter: »**Hirntote sind Sterbende, also Lebende!**« Zu Recht: Kein Arzt darf einen Patienten töten, und zwar selbst dann nicht, wenn dieser darin eingewilligt hat.« (S. 68) Auf die verfassungsrechtlichen Bedenken, die sich bei der Transplantationsmedizin (Hirntod!) ergeben, verwies der Verfassungsrechtler Professor H.-G. Gallwas in der Anhörung des Rechtsausschusses: **»Es ist nicht Sache des Staates zu entscheiden, wann das Leben eines Menschen endet, ob also der Hirntote schon ein Toter oder noch Sterbender ist.«** (...) »Dem Staat ist es wegen der Verfassung verwehrt, menschliches Leben zu bewerten und je nach Ausgang der Bewertung das Grundrecht des einen dem Grundrecht des anderen zu opfern.« (Gallwas Protokoll Nr. 17; »Sterben auf Bestellung«, S. 89)

Dipl.-Psych. Roberto Rotondo in seiner Schrift »**Hirntote sind keine Leichen«:** »Für diese Pflegekraft war es sehr hilfreich, dass auf einer Veranstaltung in ihrem Krankenhaus offen gesagt wurde, **dass die Organentnahme ein ›kontrolliertes zu Ende Sterben‹ darstellt. Dies dürfte natürlich niemals öffentlich gesagt werden, da ein kontrolliertes ›zu Ende Sterben‹ mit einer Tötung gleichzusetzen ist.« (»Sterben auf Bestellung«, S. 82) Der Deutsche Berufsverband für Pflegeberufe (DBfK e. V.) versteht den Begriff »Hirntod« als ein Kunstwort und betrachtet einen »hirntoten« Menschen als Sterbenden** («Sterben auf Bestellung«, S. 87–88).

1994 ließen Prof. Eigler und Prof. Pichlmair eine geplante »Konsensus-Konferenz« zwischen Verfechtern des Hirntodkriteriums und dessen Kritiker, die in Tübingen am 20.11.1994 stattfinden sollte, scheitern mit der Begründung, den

Organisatoren sei u. a. eine Pseudo-Konsensbildung vorzuwerfen (»Sterben auf Bestellung«, S. 91). **In der Tat: Übereinstimmung zwischen dem »Hirntod« und dem wahren Tod kann es nicht geben. Der eine Mensch lebt noch, der andere ist tatsächlich tot.**

Elisabeth Wellendorf in ihrem Artikel »Seelische Aspekte der Organtransplantation« in »Sterben auf Bestellung«, S. 99: **»Damit man an ›lebend-frische‹ Organe kommt, denn solche werden benötigt, wurde der Tod vorverlegt, indem der Hirntod zum Tod der ganzen Person erklärt wurde.«**

Unter der Überschrift »Man merkt die Absicht und ist verstimmt« schreibt Prof. Dr. Dr. K. Dörner u. a.: **»Erstaunlich an der jetzigen Situation ist eigentlich nur, dass wir alle – einschließlich der Bundesärztekammer, der Kirchen und der Ethikkommission – 25 Jahre brauchten, um zu erkennen, dass wir uns hinsichtlich der Hirntod-Definition auf einem Irrweg befunden haben, ein Irrweg, der eigentlich mit logischem, gesundem Menschenverstand leicht zu erkennen war**, deshalb auch jetzt diejenigen Vertreter des Souveräns, die näher dran sind, signalisieren, dass sie nicht mehr bereit sind, diesen Irrweg weiterzugehen (...) **»Der Hirntod ist nicht der Tod des Menschen. Dies ist – so peinlich das klingt – auf jeder beliebigen logischen Ebene zu begründen** (...) wie dargestellt sind die ›Kriterien des Hirntodes‹ der Bundesärztekammer nicht einmal in der Lage, den irreversiblen Ausfall der gesamten Hirnfunktion zweifelsfrei festzustellen (13/114; S. 22-26). (»Sterben auf Bestellung, S. 67/68«).

Prof. apl. Dr. med. Andreas Zieger, Neurochirurg in Oldenburg, äußerte sich: »Letztlich ist das Hirntodkonzept bislang eine medizinische Verabredung geblieben, aber keine gesellschaftliche (...). Aus unserer eigenen Forschungstätigkeit an Komapatienten auf der Intensivstation weiß ich, dass Komapatienten auf äußere Ereignisse und soziale Stimuli, wie z. B. den Besuch von Angehörigen eindeutig antworten. (...) Es ist also nicht wissenschaftlich erwiesen, dass ein als Hirntod definierter sterbender Mensch keine archaischen Empfindungen mehr hat (...) Das mit dem Hirntod-Konzept verbundene Leib-Seele-Problem ist also ungelöst (...) Es ist auch mit genauen Messmethoden nicht hundertprozentig genau zu bestimmen, wann das Gehirn abgestorben ist ...« (»Sterben auf Bestellung«, S. 68)

Der inzwischen verstorbene Philosoph Hans Jonas schrieb 1992 an seinen Freund Wuermeling: »Keiner von Euch und keiner, der Euren Versuch gutgeheißen hat, **darf hinfort dafür sein, einen Gehirntoten unter Beatmung, also bei lebendigem Leib, Organe zu entnehmen.** Nicht einmal bei vorheriger Einwilligung des Betreffenden.« **Der renommierte Harvard-Mediziner, Robert D.**

Trurag, der ebenfalls engagiert in der Transplantationsmedizin tätig ist, **hat sich** nach dem Studium der weltweit veröffentlichten Literatur und seinen eigenen Erfahrungen 1997 ebenso wie Klein **dafür ausgesprochen, die Gleichsetzung des sog. »Ganz-Gehirn-Todes« mit dem Tod des Menschen aufzugeben.** (»Sterben auf Bestellung«, S. 130/131/132)

1995 veröffentlichten **12 Wissenschaftler/innen**, darunter auch 4 **Verfassungsrechtler zu der juristischen Bewertung des »Hirntod«-Dogmas u. a. Folgendes:** »Wann ein ›lebendig sein‹ vorliegt, richtet sich allein nach naturwissenschaftlichen (biologisch-physiologischen) Gegebenheiten am Körper des Menschen (…). **Angesichts des Organismusbegriffs der modernen Biologie und im Lichte der vom Bundesverfassungsgericht betonten Notwendigkeit, den Lebensschutz in Grenzfällen extensiv zu garantieren (›in dubio pro vita‹), muss man einen hirntoten Menschen als lebend qualifizieren. Der hirntote Mensch wird daher durch das Lebensgrundrecht vor ungerechtfertigten Eingriffen in seine letzte Lebensphase – das Sterben – geschützt.« (»Sterben auf Bestellung«, S. 137, 138)**

Dr. med. Max-Otto Bruker, Arzt für innere Medizin, langjähriger Leiter Biologischer Krankenhäuser, Pionier für eine ursächliche Heilbehandlung statt einer symptomatischen Linderungsbehandlung, (Gesamtauflage seiner rund 30 Bücher mehr als 3 Millionen) schrieb u. a.: »**Heute gilt – wie absurd – der ›Hirntod‹ als Gesamttod, obwohl keine ausreichenden Beweise dafür vorliegen. Auf diese Weise wurde durch die Gesetzgebung ein Freispruch für alle ›Handlanger‹ dieses ›Mordsgeschäfts‹ erreicht.** Ich schäme mich für den Ärztestand, dass nicht alle Kolleginnen und Kollegen aufstehen und laut NEIN sagen zu der Art der Aufklärung über die Organtransplantation. **Sie befürworten damit stillschweigend ein dunkles Geschäft, das unethisch und unmoralisch betrieben wir. Es setzt sich über die Menschenwürde hinweg und nimmt eine Tötung des Lebenden billigend in Kauf.** Von dieser Art der Geschäftemacherei distanziere ich mich auf das Schärfste und mit mir sicher der größte Teil der Ärzte.« (»Sterben auf Bestellung«, S. 171/172)

Dr. med. Regina Breul richtete unter dem 18.11.2011 einen offenen Brief an die Bundeskanzlerin zu kritischen Fragen zum Hirntod und zur Organspende. Darin heißt es u. a.: »Im Organspendeausweis und in offiziellen Aufklärungsbroschüren der Bundeszentrale für gesundheitliche Aufklärung wird bisher zwischen ›Hirntod‹ und ›Tod‹ nicht differenziert. Das ist irreführend, denn aus einer Leiche lassen sich keine vitalen Organe explantieren. **Der Bürger muss wissen, dass der hirntote Organspender allenfalls ein Sterbender im**

möglicherweise irreversiblen Hirnversagen ist. Wird die Freigabe zur Organentnahme durch verharmlosende Informationen und das Verschweigen neuer wissenschaftlicher Erkenntnisse erschlichen, liegt eine rechtsgültige Zustimmung des Spendewilligen oder seiner Angehörigen nicht vor« (http://www.organsepnde-aufklaerung.de/offener-brief).

Eltern, die ihre schwer gehirnverletzten Kinder zur Transplantation freigegeben hatten und erst danach erfuhren, dass ihre Einwilligung durch mangelhafte Aufklärung quasi erschlichen, ihre Kinder durch die Explantation getötet worden waren, schlossen sich in dem Verein »Kritische Aufklärung über Organtransplantation e. V.« (KAO) zusammen. In der von diesem Verein herausgegebenen Broschüre »Organspende – Die verschwiegene Seite« berichten Angehörige über ihre persönlichen Erlebnisse bei der Explantation von Organen aus ihren Kindern, bezüglich derer sie infolge unzutreffender Aufklärung angenommen hatten, dass diese tatsächlich verstorben, dass diese tatsächlich schon tot und schmerzunempfindlich waren. Ein weiteres von diesem Verein herausgegebenes **Faltblatt steht unter der Überschrift »Hirntod – Der neue Tod bei lebendigem Leib«**. Darin ist die Überzeugung der Mitglieder dieses Vereins u.a. wie folgt abgedruckt: »**Die Unterstützer der KAO haben die Überzeugung gewonnen, dass sich ein Mensch bei unumkehrbarem Ausfall seiner Hirnfunktionen im Sterbeprozess befindet, also noch lebt.** Er bedarf als Sterbender bis zuletzt der besonderen Zuwendung und des liebevollen Beistandes. Es ist für Angehörige eine Hilfe zum Weiterleben, den geliebten Menschen im Sterben nicht im Stich gelassen und ihm die letzten Liebesdienste erwiesen zu haben. **Die Organtransplantation stellt einen Eingriff ins Leben dar.** Die eingeführte erweiterte Zustimmungslösung ist abzulehnen, da jeder nur für sich selbst entscheiden kann, ob er einen solchen Eingriff bei sich zulässt.«

Bernard Jakoby, der bekannteste Sterbeforscher im deutschsprachigen Raum, schreibt in seinem Buch »Das Leben danach – Was mit uns geschieht, wenn wir sterben« im Kapitel über die aktive Sterbehilfe, dem Hirntod-Konzept, pp u. a.: »**Durch die Neudefinition des Todes als Hirntod wurde der Todeszeitpunkt sozusagen vorverlegt und der eingetretene Tod auf ein sinnlich nicht wahrnehmbares, abstraktes Phänomen reduziert.** Die Hightech-Medizin spricht vom Tod eines Menschen, wenn das Gehirn unumkehrbar geschädigt ist, obwohl das Herz weiterhin schlägt in einem noch lebenden übrigen Körper. **Das Hirntod-Konzept ist für die Medizin deswegen so wichtig, weil sie sonst in Tötungsverdacht geraten könnte, wenn ein Hirntoter noch als ein im Sterben begriffener Patient gelten würde.** Das würde die Transplantation von Organen unmöglich machen (...). Hirntote sehen aus wie lebende Menschen, da der Hirntod von außen nicht erkennbar ist. Sie sind rosig, warm und trotzdem tot. Das ist nicht zuletzt auch ein großes Problem für das Pflegepersonal, das auch nach vielen Jahren Berufspraxis einen hirntoten Patienten nicht als Leichnam wahrnehmen kann. Hirntote sind keine Toten, sondern Sterbende. (...)«

»Bei einem Verkehrsunfall um 14.15 Uhr wird der 19-jährige Sven lebensgefährlich verletzt. Der Unfallarzt entscheidet, ihn zur Organentnahme zu überweisen. (...) Seine Mutter beschreibt ihren Eindruck von Sven: ›Er sah normal aus, wie wenn sie jemanden schlafend im Bett sehen. Sauber, ordentlich, es war nichts zu sehen. Keine äußeren Verletzungen. Er sah auf keinen Fall wie tot aus!‹ (...) Als Svens Mutter ihren Sohn kurz vor seiner Beerdigung noch einmal wiedersieht, ist sie entsetzt und schockiert über das, was sie vorfindet: Sven macht den Eindruck eines Greises und ist innerhalb weniger Stunden enorm gealtert, sein blondes Haar ist weiß geworden. Seine Mutter gibt zu Protokoll: ›Die Augen waren geschlossen, die konnte ich nicht sehen, die Zunge hing raus, im Körper steckten Kanülen, die Narbe fing hier unter dem Hals an, das war nicht nur ein Bauchschnitt. Er sah aus, als wenn er einen ganz schlimmen Todeskampf hinter sich hätte – gequält!‹

Entsprechendes Ähnliches findet sich in den Berichten von Eltern, die – unzulänglich aufgeklärt – der Organtransplantation bei ihren verunglückten Kindern zugestimmt hatten. All diesen zahlreichen Berichten lässt sich unschwer entnehmen, dass die Organe nicht toten Leichen entnommen worden waren, sondern lebenden – wenn auch im Sterbevorgang befindlichen – Patienten, die unbeschreibliche Qualen und Schmerzen anlässlich des Aufschneidens und Aufsägens ihres Körpers von der Kinnspitze bis zum Schambein und dem Herausschneiden ihrer Organe erlitten hatten. **Stumm, wie sie waren, hatten sie sich dagegen nicht wehren können. Verlassen, wie sie waren, hatte ihnen niemand geholfen.** Von interessierter Seite in die Irre geführt, hatten sie bzw. ihre Angehörigen in die Transplantation eingewilligt, hatten die Kirchen derartiges Verhalten als Akt christlicher Nächstenliebe zuvor gelobt und dadurch dazu angestiftet, waren die darüber getäuschten Staatsanwaltschaften gegen diejenigen, welche lebendige, wehrlose Patienten durch oder anlässlich der Entnahme deren Organe töteten, nicht eingeschritten, hatten Politik und Medien sowie Institutionen und Organisationen jeglicher Art immer wieder für die Organspende geworben, sie als Akt höchster Nächstenliebe charakterisiert oder als Pflicht, ohne eigene Kosten oder eigenes Leid und eigene Schmerzen Leben anderer Menschen durch Organspende aus dem eigenen toten Leichnam zu retten.

Andreas Brenner, Philosophie-Professor an der Universität Basel und an der Fachhochschule Nordwest-Schweiz, der sich insbesondere mit Bioethik und Biopolitik befasst, antwortete auf die Frage, ob der Mensch tot ist, wenn sein Gehirn nicht mehr funktioniert: ›**Ein Hirntoter ist nach allgemeiner Definition ein Mensch mit einer starken Gehirnschädigung, und diese ist vermutlich irreversibel. Das bedeutet aber nicht, dass er tot ist.**‹ **Ist dies richtig – und wer will daran zweifeln nach allem, was wir heute wissen –, so wird jeder ›gehirntote‹ Organspender von den Transplantationschirurgen auf dem Operationstisch durch die oder anlässlich der Entnahme seiner lebend-frischen Organe bei lebendigem Leib vorsätzlich getötet, jedenfalls alles, was nicht entnommen wird!**‹ Professor Andreas Brenner mit der Behauptung konfrontiert, in den USA diskutiere man inzwischen darüber, die ›Gehirntod‹-Definition fallen zu lassen und von ›Tötung‹ zu sprechen, äußerte sich wie folgt: ›**Ja, man findet das Hirnkonzept einerseits nicht schlüssig und gibt zu, dass Organentnahme bei Hirntod eine Tötung ist, will aber mit Transplantationsmedizin trotzdem weitermachen. Man überlegt sich nun, die Organentnahme als ›justified killing‹ zu betrachten, als gerechtfertigtes Töten!**« (Aargauer Zeitung vom 9.8.2011)

Wie können die Bundesärztekammer und die ihr folgenden Organisationen weiterhin behaupten, hinsichtlich des Hirntodes hätten sich keine weiteren Erkenntnisse ergeben, wenn man sich in den USA bereits von der Behauptung »Hirntod = Tod« trennt, einräumt, dass die Organentnahme von »Hirntoten« eine vorsätzliche Tötung darstellt. Zutreffend folgert Professor Brenner, dass Organentnahmen von »Hirntoten« vollends verboten werden müssten. Denn zum einen seien – wie der Amerikanische Bioethikrat festgestellt habe – viele Menschen, denen Organe entnommen werden, erst nach der Explantation tot, d. h. sie würden durch die Explantation getötet. Zum anderen solle der Staat auch nicht die gesetzliche Möglichkeit eröffnen, dass jemand sein Leben für einen anderen opfert. Brenner plädiert deshalb dafür, nur noch reine Lebendspenden zuzulassen. Die Lebendspende überlebe der Organspender, an der sog. »Leichenspende« sterbe er.

Die »Ad-Hoc-Gruppe Hirntod« ist der Zusammenschluss von Ärzten und anderen Personen in Deutschland, die erkannt haben, dass der »Hirntod« nicht dem Tod des Menschen entspricht, dass Gehirntote lebende, sterbende Patienten sind, die man nicht durch Explantation ihrer Organe vorsätzlich töten darf! Sie verbreiteten u. a. von der Internetseite der »Welt« vom 19.11.2011 einen Artikel »Organhandel im Sinai«, in welchem es u. a. hieß: »Menschen aus Sudan und

Eritrea werden auf dem Weg nach Israel gekidnappt, gefoltert und zum Teil ermordet. Mit schweren Geländewagen reisen die Ärzte aus Kairo in die Gesetzlosigkeit der Sinai-Halbinsel. Sie haben mobile Operationszelte und sterile Kühlboxen dabei. Ihr Ziel ist eine Gruppe von Flüchtlingen, die in der Wüste ebenso geschäftstüchtigen wie skrupellosen Beduinen in die Hände gefallen sind. **Diese Ärzte kommen nicht, um zu helfen. Sie bringen den Flüchtlingen einen qualvollen Tod.** Denn die korrupten Mediziner aus Kairo machen gemeinsame Sache mit kriminellen Beduinen. Und sie kommen nur aus einem einzigen Grund in die unwirtliche Gegend: **Sie wollen die Organe von jungen Menschen. Nieren lassen sich gut verkaufen, eine gesunde Leber ebenso ... Im gut 300 km entfernten Kairo weiß die Justiz nur zu gut um diese Gräueltaten.** ›Die Ärzte schneiden dich auf, und dann nehmen sie sich, was sie brauchen‹, sagte der frühere Chef der Rechtsmedizin in der ägyptischen Hauptstadt, Fakhri Saleh. ›Dann lassen sie dich sterben. Die Mafia interessiert sich nicht, ob du lebst oder stirbst. ›Für sie zählt nur das Geschäft. Und das ist enorm lukrativ.‹ ›Nur mit dem Handel von Waffen lässt sich mehr Geld verdienen‹, sagt der Rechtsmediziner. D. h., illegaler Organhandel ist heute profitabler als der Drogenschmuggel oder das Geschäft mit Prostitution....... Wenn die Ärzte in ihren schweren Geländewagen abfahren, bleiben die aufgeschnittenen und dürftig wieder zusammengenähten Leiber als menschlicher Abfall im Wüstensand zurück. Blutend verenden sie qualvoll unter der heißen Wüstensonne ...« **Die Ärzte aus Kairo entnehmen also lebende Organe von lebenden Menschen, keinesfalls von Toten oder »Hirntoten«.**

In China benötigen die Transplantationsmediziner nicht die Lüge, der »Hirntod« sei bereits der Tod des Menschen. Zum Tode Verurteilten entnehmen sie – nach vorheriger Betäubung – bei lebendigem Leib die lebenden Organe und vollstrecken dadurch das von der staatlichen Justiz ausgesprochene Todesurteil. Damit die staatliche chinesische Gesundheitsversorgung genügend geeignete Organe für Transplantationen erhält, gibt es jetzt wöchentliche Quoten für Hinrichtungen von Kriminellen und politischen Häftlingen. Jedes größere Gefängnis bekommt die Quoten vom jeweiligen Kreiskrankenhaus mitgeteilt (Kopp exklusiv, 06/12).

In China bekennt man sich also offen dazu, dass zu transplantierende lebende Organe nur von Lebenden – nicht von Toten – entnommen werden können! Die schwer gehirngeschädigten Patienten in unseren Krankenhäusern sind jedoch keine durch die staatliche Justiz zum Tode verurteilten Schwerverbrecher, die man durch Organentnahme vorsätzlich töten darf!

Diejenigen, die dem Gebot folgen, »liebe deinen Nächsten wie dich selbst«, mögen ihren Mund auftun für die Stummen und die, deren Sache in unseren Kliniken verlassen ist, die dort in die menschliche Würde zutiefst verletzende und grausame Weise um der Gewinnung lebender Organe willen ausgeschlachtet und getötet werden. Der dort täglich stattfindende Massenmord muss endlich beendet werden!

Auf der Lüge, dass der »Hirntote« bereits ein Toter sei, basiert das riesige Geschäft der Organtransplantation für die Medizin und die Pharma-Industrie.

Wem nützt die Organtransplantation?

»Cui bono?« – »wem nützt es?« ist eine Frage nicht nur der Kriminalisten auf der Suche nach dem Motiv eines Verbrechens. Auch in anderen Bereichen unseres Lebens lässt uns die Beantwortung dieser Frage häufig wesentlich klüger werden. Sie enthüllt häufig Ratschläge Dritter, die angeblich unserem eigenen Wohl dienen sollen, vielfach als irreführende Propaganda-Lügen, die nicht uns, sondern derjenigen Seite Nutzen bringen, die uns dazu rät.

Jahrtausende haben Menschen gelebt, ohne dass ihnen geraten wurde, sich anstelle ihres eigenen zu explantierenden Organs das Organ eines fremden Menschen transplantieren zu lassen. Heute übertrifft die ständig zunehmende Zahl der Diagnosen, die eine Organübertragung für notwendig halten, das Angebot der Organe von Organspendern bei Weitem. Gepriesen wird die Organspende deshalb als Akt christlicher Nächstenliebe, die ohne eigenes Leid, ohne eigene Schmerzen und Kosten das Leben eines oder mehrerer fremder Menschen erretten hilft. Ist das wirklich so?

Für jeden Organempfänger steht zunächst eines unabweisbar fest: Die operative Entfernung eines eigenen Organs – aus Gründen welcher Art auch immer – lässt dieses sterben und versetzt den Körper in einen Zustand, in welchem er sterben muss, wenn das Organ nicht sofort ersetzt wird. Die operative Entfernung eines Organs aus dem eigenen Körper ist also bereits ein eventuell tödlicher Akt. Denn dafür, ob die ersatzweise Transplantation des entsprechenden Organs aus dem Körper eines Fremden – dem Empfänger völlig unbekannten Menschen – gelingt oder nicht, kann letztlich niemand garantieren. Erkannt werden muss, dass die Grundlage der materialistischen, mechanistischen Denkweise der Schulmedizin die verfehlte Annahme ist, das jeweilige Organ eines Menschen lasse sich durch das Organ eines anderen ersetzen, so er nur dieselbe Blutgruppe hat. Eben das ist bekanntlich nicht der Fall, weil im Gegensatz zu eineiigen Zwillingen kein Mensch dem anderen gleicht, jeder nach Körper, Geist und Seele völlig verschieden voneinander ist. Es ist also völlig ausgeschlossen, sich aus dem Körper eines anderen fremden Menschen ein Organ transplantieren zu lassen, das in den eigenen Körper, das eigene Leben, geschweige denn aus der Ganzheit von Körper, Geist und Seele passt!

Deshalb wehrt sich der eigene Körper – gesteuert von Seele und Geist – zeit seines Lebens energisch und ständig gegen das fremde in ihn transplantierte Organ, versucht es ununterbrochen abzustoßen. Gelingt dies dem eigenen Körper, stirbt der Organempfänger daran. Daraus folgt zunächst: Die gelungene Transplantation des Organs aus einem anderen fremden Körper stellt einen weiteren tödlichen Angriff auf den eigenen Körper des Organempfängers dar. Man bedenke: Der eigene Körper empfindet die Übertragung des Organs aus dem Körper eines anderen Menschen als derart gravierenden Angriff, dass für ihn die Abstoßung des fremden Organs wichtiger ist als die Erhaltung des Lebens des eigenen Körpers! Dem tödlichen Abstoßungsverlangen des eigenen Körpers gegen das fremde Organ muss deshalb zeitlebens mit der Einnahme immunsuppressiver (entsprechender pharmazeutischer) Mittel begegnet werden. Die gesundheitsschädigenden Nebenwirkungen dieser Medikamente sind ganz erheblich. Das macht den Organempfänger zeitlebens zu einem tödlich erkrankten Patienten eines oder mehrerer Ärzte! Der Fernsehsender 3SAT veröffentlichte am 10.02.2012 einen Videotext über »Mehr Todesfälle durch Ärztefehler«. Durch ihn erfuhr man, dass die Bundesregierung auf Anfrage einer Abgeordneten als eine der häufigsten Todesursachen durch Ärztefehler die tödliche Folge der Abstoßungsreaktion einer Organtransplantation genannt hatte. Die ständige, lebenslängliche Abstoßungsreaktion des eigenen Körpers gegen das fremde, transplantierte Organ lässt sich mit einem Fußballspieler vergleichen, der ununterbrochen den Ball auf das Tor schießt! Jeden Ball kann der Torwart – was jeder weiß – nicht halten. Nicht in jedem Fall gelingt es dem Arzt, die Abstoßungsreaktion des eigenen Körpers gegen das fremde Organ ständig unter absoluter Kontrolle zu halten. Folge: Der Dauer-Patient stirbt.

Obwohl Grundlage der Gesundheit jedes Körpers die nach Möglichkeit vollkommene Immunität gegen Bakterien, Pilze und Viren ist, die Erhaltung der Immunitätskraft zu den wesentlichen Zielen jeden gesunden Lebens gehört, ist es Ziel der ständig einzunehmenden Immunsuppressiva, die Immunität, die Abwehrkraft des Körpers des Organempfängers ununterbrochen und auf Dauer seines restlichen Lebens zu schwächen. Das und ihre vorübergehend auch völlige Aufhebung führt dazu, dass schädliche Bakterien, Viren und Pilze fast oder gänzlich ungehindert Eingang in den Körper des Organempfängers finden. Dieser erkrankt an den dadurch entstehenden Infektionen, die wiederum durch entsprechende Medikamente der pharmazeutischen Industrie bekämpft werden müssen. Auch hier gilt, dass der Arzt »nicht jeden Ball halten kann«, der Patient an Infektionen oder/und der eingetretenen körperlichen Schwäche – auch durch den ständigen Medikamentenstress und die Vergiftung an Medikamenten-Nebenwirkungen – elend stirbt. Der durch die Therapie notwendig erzeugte Immundefekt lässt sich mit dem Krankheitsbild von AIDS vergleichen.

Schwere Nierenschädigungen, Stoffwechsel- und Krebserkrankung werden als häufigste Todesursache infolge der Verpflanzung angegeben. »Bluthochdruck, der zu dem parkinsonähnlichen Beschwerdebild des Zitterns führen kann, gravierende Leberschädigungen sowie Osteoporose mit Wirbelkörperfrakturen und -brüchen sind gängige »Nebenwirkungen« der Cyclosporin-Therapie, mit denen jeder Organempfänger zu rechnen hat, sofern er die Einpflanzung auf längere Zeit überlebt. Außerdem bewirken die nach der Transplantation verabreichten Immunsuppressiva verstärkten Haarwuchs und Gewichtszunahme, auch im Gesicht (»Vollmondgesicht«), Taubheitsgefühle in den Händen oder Kribbeln in den Extremitäten.« (Anna Bergmann, »Der entseelte Patient«, S. 303)

Zuweilen gelingt der erste Transplantationsversuch nicht, mit der Folge, dass im Rahmen weiterer Operationen die Übertragungsversuche fortgesetzt werden müssen, einmal, zweimal, vielleicht auch dreimal! Darüber, wie oft Transplantationsversuche danebengehen, wird nicht gesprochen. Wenn sie danebengehen, dann soll dies überaus gravierend sein! Nicht selten verbraucht sich das fremde, übertragene Organ im Körper des Empfängers, mit der Folge, dass er erneut auf die Warteliste für ein abermals neues Organ aus dem Körper eines anderen fremden Menschen gesetzt werden und für längere Zeit an der Sorge leiden muss, ob es noch rechtzeitig genug – erneut – eintrifft. Im negativen Fall stirbt er, im positiven Fall wiederholt sich alles vorstehend Ausgeführte. Das fremde in den eigenen Körper übertragene Organ wird – wie man bereits aus all dem schließen kann – nie ein eigenes Organ des Empfängers, auf Lebenszeit nicht! Er empfindet es daher auch zumeist als ein fremdes Organ. Glücklich der Empfänger, dem es gelingt, mit dem fremden Organ jedenfalls in gewisser Weise irgendwie Frieden zu schließen. Unverzichtbar ist für den transplantationswilligen Patienten zu wissen:

Wie viel Prozent der Transplantationen eines körperfremden Organs, das er benötigt, gehen operativ daneben?
Wie viel Prozent der transplantierten Patienten sterben daran, dass es nicht gelingt, das Abstoßungsverlangen des Körpers des Patienten unter Kontrolle zu bringen?
Wie viel Prozent der transplantierten Patienten sterben an einer Infektion, die Folge der herabgesetzten oder aufgehobenen Immunitätskraft des eigenen Körpers ist?
Wie viel Prozent der transplantierten Patienten sterben an Medikamentenvergiftung bzw. an Medikamentenstress?

Wie lange ist die Überlebenschance mit dem transplantierten Organ wahrscheinlich? War es das Organ eines jüngeren oder älteren Spenders?

Wird darüber jeder Patient aufgeklärt, dem sein Arzt oder seine Ärzte die Diagnose der Notwendigkeit zu einer Organtransplantation stellen, also der operativen Entfernung eines eigenen Organs und dessen Ersatz durch ein entsprechendes Organ eines fremden Menschen? Meines Wissens nicht! Berücksichtigen die Patienten, dass es Gründe gibt, die Ärzte veranlassen, vorschnell zu einer Organtransplantation zu raten? Berichtet wurde von einer Studie der Hamburger Universitätsklinik, wonach in Deutschland die Therapie der Herztransplantation in 2/3 der Fälle vorschnell angeboten wird (»Herzloser Tod – Das Dilemma der Organspende«, S. 192 ff.).

Sicht und Wissen der atheistischen, materialistischen Schulmedizin beschränkt sich auf den sichtbaren, materiellen Körper des Patienten. Geist und Seele kennt und berücksichtigt sie dabei nicht. Indessen besteht der Mensch nicht nur aus seinem sichtbaren, messbaren und zu wiegenden Körper. Jeder Mensch besteht vielmehr für die Dauer seiner Inkarnation – also seines Lebens auf dieser Erde – aus Körper, Seele und Geist, die sich wechselseitig vollständig auf Dauer durchdringen. Allgemeinwissen in Zukunft wird sein, dass nicht der Körper des Menschen auch Geist und Seele besitzt, sondern dass die unsterbliche Seele und der in ihr wohnende Geist für die Zeit ihrer Inkarnation auf der Erde einen sterblichen Körper besitzen. Explantiert und transplantiert wird daher nicht nur ein sichtbares Organ wie z. B. Herz, Lunge oder Leber, das sich anfassen, messen und wiegen lässt, sondern mit ihm die inkarnierte Seele und der Geist des Menschen, dessen ausgeschlachtete körperliche Hülle durch die Explantation getötet und der irdischen Verwesung überlassen wird. Auf diese Weise erklärt sich, dass Erinnerungen, Erlebnisse, Begabungen, Verhaltensweisen, Empfindungen, ja alles, was Seele und Geist eines Menschen ausmachen, das übertragene Organ eines fremden Menschen in den eigenen Körper des Organempfängers begleiten. Das führt zu Phänomenen und Erlebnissen des Organempfängers, die Ärzte der allein atheistischen, materiellen Schulmedizin – die weder Seele noch Geist kennen und berücksichtigen – als Folge verabreichter Arzneien deuten und zu erklären versuchen. Sie wissen, dass Transplantationen häufig schwere psychische Belastungen nach sich ziehen mit der Folge, dass eine eigene Richtung der Psychiatrie, die Organtransplantations-Psychiatrie entstanden ist. Was sind das z. B. für Phänomene und Erlebnisse?

Typisch sind zunächst Wahnideen von Raub und Tötung. Dergleichen Empfindungen hatte der Organspender anlässlich des Aufschneidens und Aufsägens seines noch lebendigen Körpers mit dem anschließenden Ausschlachten seiner noch lebenden Organe. Die Transplantationsärzte konnten von dem Organspender nur als Personen wahrgenommen werden, die ihn seiner lebenden Organe beraubten und ihn dadurch töteten! Das Bewusstsein eines Menschen kann nicht nur im Gehirn oder Körper eines Menschen existieren, sondern – wie man heute bereits weiß – auch außerhalb des Körpers. Wie anders lassen sich die vorgenannten »Wahnideen« von Transplantationsempfängern auch sonst erklären? Verstehen muss man, dass Seele und Geist zweier verschiedener, einander fremder Menschen nicht nur nicht in ein und denselben menschlichen Körper gehören und passen und sich dessen auf Lebenszeit als Gehäuse und Werkzeug bedienen müssen. Eben das aber verursacht und verantwortet die naturwidrige, perverse Transplantationsmedizin. Natürlich wird dergleichen bei der Werbung für die Organspende streng tabuisiert und verschwiegen. So auch, dass das Krankheitsbild der Schizophrenie häufig als normale seelische Reaktion auf diese »chirurgische Heilmethode« entsteht. Da bei der Verteilung von Organen keine Rücksicht auf die Geschlechtsidentität des Empfängers genommen wird, verstärkt das bei diesem Gefühle der Zerrissenheit. Ein Empfänger eines weiblichen Organs empfindet z. B.: »Jetzt bin ich eine Frau.« Konflikte dieser Art können sich zu wahren Horrorempfindungen entwickeln. Kurz nach seiner von dem Chirurgen Barnard ausgeführten Herztransplantation äußerte sich der 18 Tage danach verstorbene Louis Washkansky: »Ich bin ein neuer Frankenstein.« Bei den psychischen Erkrankungen geht man von einer hohen Dunkelziffer aus, da viele Organempfänger sich davor scheuen, ihre tabubelegten Konflikte offen zulegen, zumal sie sich oft jahrelang um ein neues Organ beworben hatten und alle, die sie kannten, dies wussten. Organempfänger berichten:

1.) Susan, ein junges Mädchen, sagte nach der Transplantation über den Spender der Organe: »Ich fühle mich an ihn gebunden wie an einen Zwillingsbruder. Er begleitet mich ständig. Wir sind einander verpflichtet. Manchmal habe ich das Gefühl, ich spüre ihn genau, als hörte ich ihn atmen. Oder wenn ich unter dem Baum sitze, hängt er oben im Geäst.« Sie malte ein Bild dazu, auf dem beide wie mit einer Nabelschnur verbunden sind, aber eine Wolkendecke verdeckt die Sicht zwischen ihnen. (Elisabeth Wellendorf: »Mit dem Herzen eines anderen leben?«)

2.) Ein anderer Organempfänger: »Ich weiß nicht, wie es anderen geht, aber ich empfinde mich, als wäre ich zwei Personen. Ja, das Erstaunlichste war, dass – sobald bei mir die Transplantation vollzogen war – mich ein richtiges Fieber packte, um Motorrad zu fahren, während mir früher so etwas überhaupt nicht in den Sinn kam. Deshalb fragte ich den Arzt, woran der junge Mann starb, dessen Herz mir gespendet wurde. Die Antwort war: »An einem Motorradunfall ...« (»Die Stimme Nr. 1«, 1994)

3.) Martin S., 27 Jahre alt, lebt seit 6 Jahren mit einem fremden Herzen. Die Süddeutsche Zeitung (Magazin 42/1992) fragte ihn, wie es ihm nach der Operation ergangen sei. »... Noch Tage danach hatte ich irgendwie das Gefühl, dass ich nicht allein bin. Da war etwas im Raum, etwas Undefinierbares. Nachts vor dem Schlafengehen dachte ich manchmal: Der macht sich aber breit in meinem Bett! ...«

4.) Fünf Monate nach der Transplantation spürt Clair Sylvia in ihren Träumen den Organspender mit Namen »Tim«. Sie fühlt, dass Tims Seele in ihr weiterlebt. Im Traum kommt es zwischen ihr und ihrem Organspender zur Versöhnung. Sie schreibt: »Dann küssen wir uns, und während wir uns küssen, atme ich ihn in mich ein. Er fühlt sich an wie der tiefste Atemzug, den ich je getan habe. Und in diesem Augenblick weiß ich, dass Tim für immer bei mir bleibt.« Es sei, als hätte sie ein neues Leben eingeatmet. Sie hatte das Gefühl, dass sie die neuen Organe endgültig als ihre angenommen hatte. Doch auch die Seele Tims blieb ganz offensichtlich bei seinen früheren Organen. (»Herzensfremd – Wie ein Spenderherz mein Selbst veränderte«, 1998, Verlag Hoffmann und Campe)

5.) Eine Frau berichtet in dem zuletzt genannten Buch: »Es kotzt mich an, dass jeder ständig sagt, was ich für ein Glück habe, dass ich noch lebe. Mir geht's sauschlecht! Ich versuche immer noch mit der Zeit fertig zu werden, als mir zum Sterben die Kraft fehlte.« Eine andere Frau erzählt: »Ihr könnt euch nicht vorstellen, wie oft ich am Telefon liebreizend daherrede, und wenn ich den Hörer auflege, würde ich mich am liebsten umbringen. Ich kann nur sagen, dagegen war mein voriges Leben GOLD!«

6.) Dr. med. Paul Pearsall beschäftigte sich mit den Persönlichkeitsveränderungen nach Herztransplantationen und interviewte mehr als hundert Herzempfänger, die glaubten, eine Verbindung zu dem verstorbenen Organspender zu spüren. Hier einige Beispiele: Die 8-jährige Danielle empfand keinerlei musische Neigungen vor der Operation. Doch mit dem Herzen eines 18 Jahre alten Jungen bekam sie auch dessen Leidenschaft zum Komponieren.

7.) Ein 47 Jahre alter Arbeiter ohne kulturelle Ambitionen, dem man das Herz eines jungen Geigers übertragen hatte, versetzte seine Umgebung plötzlich mit der Liebe zur klassischen Musik in Erstaunen. Eine 35-jährige Frau, die das Herz eines Callgirls erhalten hatte, gab zu Protokoll: »Ich hatte nie viel Interesse an Sex. Heute aber kann ich nicht genug bekommen und lege sogar einen Strip für meinen Mann hin.«

8.) Der 9-jährige Jimmy entwickelte eine irrationale Wasserscheu, nachdem man ihm das Herz eines 3-jährigen Mädchens eingepflanzt hatte, das in einem privaten Schwimmbad ertrunken war. Jimmys Mutter berichtete: »Wir leben direkt am See. Vorher war Jimmy eine Wasserratte. Doch jetzt wagt er sich nicht einmal mehr in den Garten. Er verschließt ständig die zum Ufer führende Gartentür und gibt zu, schreckliche Angst vor dem Wasser zu haben, obwohl er nicht weiß, warum. Doch damit nicht genug: Obwohl Jimmy nicht weiß, woher sein neues Herz stammt, scheint er die Seele des verstorbenen Mädchens genau zu kennen. ›Manchmal rede ich mit ihr. Ich kann sie da drin fühlen‹, erklärte er den Forschern. ›Sie scheint traurig zu sein. Ich versuche sie zu trösten, aber sie hat große Angst. Sie sagt, sie wünsche sich, dass Eltern ihre Kinder nicht einfach so wegwerfen würden. – Ich habe keine Ahnung, warum sie so etwas sagt.‹ (»Wegwerfen« durch Erlaubnis der Explantation)

9.) Die 37-jährige Amerikanerin Catherine Bechman, in der das Herz eines 11-jährigen Jungen schlägt, klagt seit der Operation über Rückenschmerzen. Sie lässt sich von einer Chiropraktikerin mehrere Wochen behandeln – vergeblich! Diese äußert eine vage Vermutung: Ob es nicht sein kann, dass Catherines Schmerz mit der Stelle übereinstimmt, an der das Kind vom Auto angefahren wurde? Catherine nimmt mit der Familie Kontakt auf und erfährt: Der Junge wurde beim Unfall tatsächlich genau dort am Rücken verletzt, wo sie jetzt Schmerzen hat.

10.) Ein 10-jähriges Mädchen hat das Herz einer 8-Jährigen erhalten, die Opfer eines Mordversuches geworden war. Seit der Operation wurde das Mädchen von so schweren Albträumen heimgesucht, dass ihre Eltern sie in psychologische Behandlung schickten. In den Sitzungen berichtete das Kind detailgenau davon, umgebracht zu werden. Dies schien so realistisch, dass die Psychologin die Polizei zu diesem Fall hinzuzog. Die Experten waren fassungslos: Die Informationen der Träume entpuppten sich in allen Details als so korrekt, dass der Täter des Mordversuches an dem 8-jährigen Mädchen, von dem das Herz stammte, identifiziert und verurteilt werden konnte.

11.) Nach der Übertragung einer fremden Niere änderte eine sich bis dahin schüchterne und zurückhaltende Frau in ihrem Charakter. Die 40-jährige Julie Shambra aus Covina/USA liebte Blumen und hübsche Kleider. Nach der Transplantation wurde sie immer öfter aggressiv und erlag – im Fernsehen – Boxkämpfen und American Football. Stundenlang zappte sie von einem Sportkanal zum nächsten und hatte kaum mehr Lust auf ihre früheren Hobbys. Die Frau erklärte: »Es ist ein ganz neues Leben. Ich spüre förmlich den Spender in mir weiterleben.« Der Spender, er hieß Dakari Karimah, war 18 Jahre alt, als er bei einem Schusswaffenunfall starb. Er liebte Kampfsportarten über alles.

12.) Die österreichische Psychologin Prof. Brigitte Bunzel berichtete von einer Frau, die mit dem neuen Herzen das Gefühl bekommen hatte, »dass noch jemand anders bei mir war. Auf irgendeine nicht näher bestimmbare Weise war mein Ich-Gefühl zu einer Art Wir geworden. Manchmal fühlte es sich so an, als ob ich meinen Körper mit einer zweiten Person teilte«. (Alle diese Aussagen Ziff. 6–12 sind entnommen dem Buch von Dr. Winfried H. Rosowsky: »Laßt euch nicht hinter's Licht führen!«, S. 44–48.)

13.) Der Spender war ein 18-jähriger junger Mann, der bei einem Autounfall ums Leben kam. Die Empfängerin ist ein 18-jähriges Mädchen. Der Vater des Spenders, ein Psychiater, erzählte u. a., dass sein Sohn Gedichte und Songs schrieb. Ein Song hatte den Titel »Danny, My Heart Is Yours«, in welchem der Spender beschrieb, dass er glaube, es sei sein Schicksal zu sterben und sein Herz jemanden anderen zu schenken. Die Empfängerin berichtete: »Als sie mir Fotos von dem Spender zeigten, erkannte ich ihn sofort. Ich hätte ihn überall sofort erkannt. Er ist in mir. Ich weiß, dass er in mir ist und mich liebt. Er hat mich immer schon geliebt, vielleicht zu einer anderen Zeit, irgendwo. Wie sonst konnte er schon Jahre vorher wissen, dass er sterben und mir sein Herz geben würde? Woher sollte er wissen, dass ich Danny heiße? Und als sie mir dann seine Songs vorspielten, konnte ich die Sätze in seinen Texten zu Ende singen. Früher konnte ich kein Instrument spielen, aber nach der Transplantation fing ich an, Musik zu lieben. Ich spürte sie in meinem Herzen. Mein Herz musste sie spielen. Ich sagte meiner Mutter, ich wolle Gitarrenunterricht nehmen – das gleiche Instrument, das Paul (der Spender) gespielt hat. Seine Lieder sind in mir. Ich spüre es besonders nachts, und es ist, als spiele Paul mir etwas vor.«

14.) Der Herzspender war ein 16 Monate alter Junge, der in der Badewanne ertrank. Der Empfänger ist ein Junge, der zum Zeitpunkt der Transplantation 7 Monate alt war. Die Mutter des Spenders, eine Ärztin, berichtete: »Wir übernachteten bei … (der Empfängerfamilie). Mitten in der Nacht kam Carter, der Empfänger des Herzens unseres Sohnes, zu mir und meinem Mann und wollte in unserem Bett schlafen. Er kuschelte sich zwischen uns, genau wie Jerry es immer getan hatte, und wir mussten weinen. Carter sagte uns, wir sollten nicht weinen, Jerry habe gesagt, es sei alles in Ordnung. Mein Mann, ich und unsere Eltern, die Jerry wirklich kannten, haben keinen Zweifel. Es steckt viel von unserem Sohn in seinem Herzen, und es schlägt in Carters Brust. Auf eine gewisse Art lebt unser Sohn noch.« Die Mutter des Empfängers berichtete u. a.: »Als wir zusammen in die Kirche gingen, hatte Carter Jerrys Vater noch nicht kennengelernt. Wir waren spät dran und Jerrys Vater saß in der Mitte zwischen einigen anderen Leuten. Carter ließ meine Hand los und lief geradewegs zu diesem Mann. Er kletterte auf seinen Schoß, umarmte ihn und nannte ihn ›Daddy‹. Wir waren vollkommen verblüfft. Woher kannte er ihn? Warum nannte er ihn Dad? So etwas tat er sonst nie. Er riss sich nie in der Kirche von meiner Hand los und dabei lief er nie zu irgendwelchen Fremden. Als ich ihn frage, warum er das getan habe, antwortete er, er habe es nicht getan. Er sagte, Jerry habe es getan und er sei mitgekommen.« (Die Fälle 12 und 13 finden sich in dem Artikel »Organtransplantation und das Gedächtnis der Zellen«, abgedruckt in NEXUS-MAGAZIN, Nr. 1, November/Dezember 2005, Autoren Paul Pearsall, PhD, Gary E. Schwartz, PhD, Linda Russek, PhD.)

Professor Gary Schwartz stellte fest, Körperzellen haben ein Gedächtnis. Und das wird bei Transplantationen weitergegeben. Prof. Schwartz sagte: Nach der Transplantation ist für den Chirurgen die Aufgabe beendet, nicht aber für die Patienten. Sie müssen lernen, sich mit dem »Fremden« in ihrem Innersten anzufreunden. Gedanken, Gefühle, Ängste und Träume finden nicht nur im Gehirn, sondern im Herzen statt. All das, so Prof. Schwartz, »wird dort codemäßig gespeichert und an alle Zellen weitergegeben.« In einer ZDF-Sendung der Reihe »Abenteuer Wissen« vom 17.11.2004 sagte im Beitrag »Ist das Herz nur eine Pumpe – Wandert die Seele mit?« der erfahrene Kardiologe und Neurologe Dr. med. Paul Pearsall u. a.: »Hört auf zu denken, man würde durch Transplantation nur etwas Neues in jemand anderen stecken! Vom Moment des Aufwachens und sogar im Schlaf gibt es eine Verbindung miteinander!«

In dem Buch von Dr. Winfried H. Rosowsky in 41236 Mönchengladbach-Rheydt »Laßt euch nicht hinter's Licht führen!« finden sich von diesem gesammelte Gottesoffenbarungen aus der heutigen Zeit, u. a. z. B. zur Genmanipulation, über das Klonen, zur Homosexualität aber auch zur Organtransplantation. In einer Gottesoffenbarung vom 14.12.2002 heißt es u. a.: »Die Frage, ob Organverpflanzung in Meinem Sinne ist, ist schnell beantwortet. Wie kann eine so absolut unnatürliche Handlungsweise Mein Wohlgefallen finden? Sie ist nicht in Meiner Ordnung und wird es auch nie sein, sondern sie ist – wie alles pervertierte Handeln dieser Zeit – ein zugelassenes Übel ...«

In einer anderen Gottesoffenbarung bereits vom 21.08.1994 hieß es u. a.: »... Die andere Frage, wie Implantationen von Organen, von einem Menschen, der dem Sterben nahe ist – von dem ihr glaubt, dass er schon gestorben sei – in einen Körper, von dem man annimmt, dass er noch gesunden könnte –, diese

Dinge sind auf der gleichen Ebene zu sehen. Sie sind zu verwerfen. Ein Mensch hat hier auf der Erde nur eine gewisse Zeit. Und diese Zeit liegt bei Mir. Und wer damit nicht zufrieden ist und sich gegen diese Zeit, die Ich ihm gegeben habe, auflehnt, derjenige geht auf die andere Seite und verabschiedet sich gewissermaßen von Mir. Er holt sich Hilfe, wo keine Hilfe geholt werden kann ...«

Fassen wir nach all dem zusammen: Die Übertragung des Organs eines anderen fremden Menschen in den eigenen Körper als Ersatz für ein erkranktes oder verbrauchtes Organ beruht auf dem Wahn der atheistischen, materialistischen, medizinischen Wissenschaft, die weder Geist noch Seele kennt, den menschlichen Körper als Organbank betrachtet, dass man Organe ersetzen könne, wie man Teile aus einer Maschine in eine andere gleichen Typs einbauen und ersetzen kann. Die Transplantationschirurgen verstoßen dabei gegen die oberste Regel im medizinischen Bereich: primum nihil nisi nocere« (als Oberstes gilt das Gebot, niemals jemanden zu schaden). Kein Mensch kann zu angeblichen Heilzwecken operativ kaum mehr geschädigt werden, als dass ihm ein lebendes Organ als »Leichenspende« aus einem fremden Körper als Ersatz für ein eigenes, das man operativ entfernt, transplantiert wird. Da es in jeder Beziehung geist-, seelen- und körperfremd ist, nie eigener Bestandteil des Empfängers werden kann, versucht der seelen-/geistgesteuerte Körper, es zeit seines Lebens mit aller ihm zu Gebote stehenden Kraft abzustoßen. Dies, obwohl die erfolgreiche Abstoßung den Tod des eigenen Körpers nach sich zieht, gleichzeitig jedoch Geist und Seele der zwei Existenzen ins Jenseits – ihre wahre Heimat – befreit. Dies offenbart, wie extrem naturwidrig gegen die kosmische Ordnung, in der wir leben, und damit geradezu pervers die Organtransplantation im medizinischen Bereich in Wahrheit ist.

Fassen wir nochmals zusammen: Die Transplantation des Organs aus einem fremden in den eigenen Körper macht den Patienten für den Rest seines Lebens abhängig vom Transplanteur und anderen Ärzten. Mit der ständigen Gabe von Immunsuppressiva (Medikamenten) muss die Immunkraft des eigenen Körpers abgesenkt, wenn nicht aufgehoben werden, um die Tötung des eigenen Körpers durch Abstoßen des fremden in ihn nicht gehörenden Organs zu verhindern. Dabei geht es also lebenslänglich bereits dadurch ständig um Leben und Tod. Nicht verwunderlich, dass der Tod durch Abstoßen des fremden Organs mit zu den häufigsten ärztlichen Kunstfehlern gehört.

Gelingt die Transplantation nicht beim ersten Mal, muss sie – zuweilen mehrfach – durch lebensgefährliche Operationen wiederholt werden. Ist das transplantierte Organ verbraucht, muss es durch ein neues, fremdes Organ ersetzt werden, soweit vorhanden! Das erneuert die Ängste eines Patienten, der auf der Warteliste steht, vor dem eigenen Tod in von ihm in früher bereits erlittener Weise.

Die Folge der radikalen Abschwächung der eigenen Immunkraft des eigenen Körpers gegen das fremde Organ öffnet diesen für den Eintritt von Bakterien, Viren und Pilzen mit der Folge entsprechender, häufig tödlicher Erkrankungen, die wieder mit Medikamenten bekämpft werden müssen. Dies führt durch die Nebenwirkungen nicht nur zu einer weiteren Vergiftung und Schwächung des Körpers, sondern fesselt den Patienten auch auf eine weitere Weise für den Rest seines Lebens an ihn ständig behandelnde Ärzte, in deren Abhängigkeit er sich begeben hat. Auch dabei geht es letztlich ständig um Tod und Leben. Welch ein Leben? Es droht der qualvolle Tod als Folge von Infektionen und Verpilzungen.

Da das transplantierte Organ den Körper des fremden Menschen, dem es noch zu dessen Lebzeiten entnommen wurde, im Gegensatz zu diesem überlebte, verbleiben in ihm und bei ihm Geist und Seele des fremden Menschen – auf Lebenszeit des Organempfängers! Beide passen zu dem Empfänger ebenso wenig wie das übertragene Organ. Geist und Seele des Organspenders leben im Gefängnis des Körpers des Organempfängers auf dessen Lebenszeit. Dieser kann sein ursprüngliches, eigenes Leben nicht weiterleben. Er wird fremd bestimmt in Empfindungen, Gedanken, Gefühlen, Begabungen, Süchten und Taten durch Geist und Seele eines Menschen, der eigentlich schon lange nach dem Tod seines ganzen Körpers – mit Ausnahme der ihm entnommenen Organe – im Jenseits leben müsste. Dergleichen ist kein Leben! Nach der unaufhebbaren Regel – gültig wie ein Naturgesetz – »was du säst, wirst du ernten« – muss der, der einen anderen auf diese Weise gefangen hält, damit rechnen, zu gegebener Zeit selbst ein Gefangener zu sein. Wer aber wünscht sich je, in einem Gefängnis – dieser oder jener Art – leben zu müssen?

Nach all dem stellt die Überzeugung, mit dem transplantierten Organ samt Geist und Seele eines fremden Menschen hier auf Erden in menschenwürdiger Weise die Zeit eigenen Lebens verlängern zu können, einen überaus bedrohlichen, gravierenden Irrtum dar, dessen Folgen man niemandem guten Gewissens wünschen kann, geschweige denn aus Nächstenliebe, von einem angeblichen Akt christlicher Nächstenliebe – wie es uns selbst die Kirchen glauben machen wollen – ganz zu schweigen.

Jeder Patient, dem der Arzt die Diagnose stellt, er brauche ein neues Organ (dieses oder jenes) aus dem Körper eines anderen Menschen, wartet danach darauf, dass ein anderer Mensch stirbt, dessen Herz er erhalten kann. Damit hat die moderne Medizin einen Patiententypus hervorgebracht, der auf den für ihn nützlichen Tod anderer Menschen angewiesen ist. Dies verbunden mit dem Wissen, sich das lebende Organ eines anderen Menschen einverleiben zu lassen und damit zu einer Art von Kannibalen zu werden. Kannibalismus aber gilt bekanntlich in allen Kulturen als das Böse schlechthin! Das aber ist nur ein Teil der Wahrheit! Tote Organe aus toten Menschen können Lebenden nicht übertragen werden. Übertragen werden können nur lebende Organe von noch lebenden Menschen, die im Falle des sog. »Leichenspenders« durch die Explantation der Organe auf dem Operationstisch der damit befassten Chirurgen getötet werden. Es sind zwar schwer gehirngeschädigte Patienten, sog. »Gehirntote«, aber sie befinden sich noch am Leben – wenn auch auf dem Weg zum Sterben. Dieser Weg kann Tage, Wochen und Monate, ja selbst Jahre andauern! Wer kann es mit seinem Gewissen verantworten, sich das Organ eines anderen Menschen übertragen zu lassen, der zu diesem Zweck dabei auf dem Operationstisch auf menschenunwürdigste, grausamste Weise von den Transplantationsärzten vorsätzlich getötet wurde! Dass viele Organempfänger deswegen an Schuldgefühlen leiden, ist kein Wunder!

Diagnostizieren Ärzte die Notwendigkeit der Transplantation des Organs eines fremden Menschen, gibt es in Wahrheit nur zwei Alternativen: Die erste begann lange Zeit davor, nämlich den Weg zu suchen und zu finden, wie das eigene Organ vor der Erkrankung oder seinem vorzeitigen Verbrauch durch entsprechendes Verhalten (Ernährung, Bewegung etc.) geschützt werden konnte. Die zweite besteht darin, den Weg zu suchen und zu finden, wie es jetzt durch Rückkehr in diese Ordnung durch Entgiftung und Wiederaufbau der eigenen Immunitätskräfte wieder geheilt werden kann (auf Existenz und Inhalt meiner Bücher »Der Königsweg zu Gesundheit und hohem Alter« und »GESUND FÜR IMMER – Die Revolution im Gesundheitswesen« darf ich verweisen). Ist dies nicht möglich, bleibt nur der Tod des eigenen sterblichen, irdischen Körpers und damit die befreiende und erlösende Geburt der unsterblichen immateriellen Seele und des darin lebenden Geistes in die eigentliche, wahre Heimat des Menschen. Das ist ein großes Geschenk, kein Verlust! Deshalb heißt es auch, dass der Tod des irdischen Körpers die Krone des Lebens auf dieser Erde sei. Absolutes Vertrauen in die Vollkommenheit der Ordnung Gottes sollte die törichte Angst vor dem Tod des eigenen irdischen Körpers ersetzen und schützen.

Zusammengefasst: Durch die Transplantation von Organen wird weder dem Spender noch dem Empfänger wahrhaftiger Nutzen gebracht. Das ganze Gegenteil ist der Fall. Beide werden durch die naturwidrige, perverse Transplantation von lebenden Organen und die ihnen innewohnende Seele mit dem ihr innewohnenden Geist geschädigt. Geist und Seele des Spenders wandern in das Gefängnis eines fremden Körpers. In diesem fremden Körper des Empfängers müssen jetzt auf Dauer seines restlichen Lebens zwei Wesen leben, die sich eines Körpers als Werkzeug bedienen und miteinander auskommen müssen. Das ist derart naturwidrig, dass man es nur als pervers bezeichnen kann. Bewiesen aber wird dadurch auch, dass entgegen der Behauptung der Transplantationsmediziner keineswegs Organe aus Toten explantiert werden, da nach ihrer Behauptung »Gehirntote« = Tote sind. Denn aus wirklich Verstorbenen, aus Toten, die anlässlich ihres Todes Geist und Seele verlassen haben, lassen sich keine lebenden Organe mit ihrer innewohnenden oder begleitenden Seele samt Geist explantieren und in die Körper anderer Menschen übertragen! Jeden wirklich Toten haben Seele und Geist längst verlassen!

Wem nützt also in Wahrheit die Organtransplantation, wenn nicht den in die Irre geführten Spendern und Empfängern? Es ist ganz offensichtlich das finanzielle Interesse der Transplantationsmedizin, der Transplantationen organisierenden Kräfte und der Pharma-Industrie. Der Organ- und Gewebespender überlässt seine Organe und nach deren lebend-frischer Entnahme aus seinem lebenden, sterbenden Körper seine Gewebe – das ist fast alles vom jetzt toten Rest – kostenlos den daran interessierten Kräften. Er spendet, weil er dies alles umsonst, also völlig kostenlos überlässt. Er weiß nicht, dass der Wert all dessen insgesamt ca. 500.000 bis 1 Million Euro beträgt, auch wenn der Organ- und Gewebehandel in Deutschland gesetzlich verboten ist. Die Wertschöpfung beginnt mit allen danach zu bezahlenden Tätigkeiten, der Explantation, der Transplantation, der Implantation, der Medikation, der Medikamentenversorgung, dem Verkauf von aus Geweben gewonnenen Arzneimitteln etc. Wahrlich ein fürstliches Geschenk, über dessen Wert der Organ-/Gewebespender selbstverständlich nicht aufgeklärt wird! An der Transplantation, bestehend aus der Explantation und Transplantation lebend-frischer Organe wird erheblich Geld verdient. Für das Jahr 2011 ergab sich aus den Pauschalen ein Gesamtbudget »Aufwandserstattung Spenderkrankenhäuser« von 4.860.157,00 Euro. Auch die organisierende Kraft dafür, die Deutsche Stiftung Organtransplantation (DSO) erhält für jedes von ihr vermittelte Organ eine Rückvergütung von ca. 8.000 bis 12.000 Euro. Leicht lässt sich errechnen, was das jährlich für eine Summe ergibt bei ca. 4.500 vermittelten Organen. Leicht verständlich, warum deswegen für die Zukunft eine erhebliche Steigerung für jährlich zu vermittelnde lebende Organe für Transplantationen angestrebt wird! Die Deutsche Stiftung für Organtransplantation (DSO), die seit 2000 bundesweit für die Organakquisition und alle Koordinierungsaufgaben zuständig ist für den gesamten Organspendeprozess einschließlich Transport, erlöste gemeinsam mit Eurotransplant für ihre Tätigkeit im Jahre 2010 ca. 47 Millionen Euro. Wurden 2010 nur etwa 1.200 »gehirntote« Patienten von ihren lebenden Organen befreit, so waren dies doch insgesamt ca. 4.275 transplantierbare Organe.

Die Pharma-Industrie liefert die Arzneimittel, die der Empfänger zeit seines restlichen Lebens zu sich nehmen muss. Zum Ersten, um die Immunitätskraft des eigenen Körpers – gerichtet auf die unentwegte Abstoßung des übertragenen Organs aus einem fremden Körper – zu schwächen und zu unterdrücken. Zum Zweiten, um die dadurch eingetretenen Infektionskrankheiten zu bekämpfen. Pro Patient, der ein übertragenes Organ erhalten hat, sind das zeit seines restlichen Lebens pro Monat ab 1.000 Euro an aufwärts. Z. B. 18.000 Euro! Angesichts der derzeit lebenden Zahl von Patienten, die ein Organ empfangen haben, summiert sich dies alles zu ganz erstaunlichen Beträgen. Die Umsatzzahlen des Apothekenmarktes in Deutschland für immunsuppressive Medikamente betrug allein im Jahre 2011 insgesamt ca. 1,6 Milliarden Euro! So ist es leicht nachzuvollziehen, dass die Pharma-Industrie die Ausbildung der Personen sponsert, deren Aufgabe es ist, die Angehörigen von »hirntoten Patienten« sofort nach deren bestätigten »Tod« zu bewegen, der Spende lebend-frischer Organe durch den »Verstorbenen« zuzustimmen. Die Deutsche Stiftung Organspende (DSO) rühmt sich z. B., dass ihre Mitglieder anlässlich derartiger Tätigkeit einen viel größeren Erfolg hätten als die dafür nicht ausgebildeten Ärzte in den Kliniken.

Das Gesamtgeschäft an der Transplantation lebender Organe und toter Gewebe ist so groß, dass die Lobbyisten dafür gesorgt haben, dass Institutionen und Verbände jeglicher Art Werbung dafür betreiben. Die Bundeszentrale für gesundheitliche Aufklärung (BfgA) zahlte im Auftrage des Bundesministeriums für Gesundheit im Jahre 2011 allein 2,5 Millionen Euro für Organspendewerbung. Geworben wird damit, dass die kostenlose Organspende ein Akt der Nächsten-, wenn nicht gar christlicher Nächstenliebe ist, da durch die Spende von Organen nach dem eigenen Tode leid- und kostenfrei das Leben eines oder mehrerer anderer Menschen gerettet werden könne. Motor der Transplantationsmedizin ist aber auch die Angst der Patienten, denen ein Arzt oder Ärzte diagnostizierten, nur die Transplantation eines bestimmten, lebend-frischen Organs eines anderen Menschen könne ihr Leben retten, sie vor dem bevorstehenden Tod bewahren! Kein Wunder, dass sich mit diesen Argumenten z. B. die Kirchen bereits 1990 vor den Karren der naturwidrigen, perversen Transplantationsmedizin spannen ließen, denen inzwischen auch z. B. Krankenkassen, Apotheken, der Caritas-Verband, das Deutsche Rote Kreuz, der ADAC, die Johanniter-Unfallhilfe, der Malteser-Hilfsdienst, der Bundesverband der Motorradfahrer etc. gefolgt sind. Gerne wird zu Werbungszwecken immer wieder zitiert aus der Erklärung der Deutschen Bischofskonferenz und des Rates der Evangelischen Kirche in Deutschland aus dem Jahre 1990, deren Vorwort unterschrieben wurde von dem Bischöfen Martin Kruse und Karl Lehmann: »Angehörige, die Einwilligung zur Organtransplantation geben (...) handeln ethisch verantwortlich, weil sie ungeachtet des von ihnen empfundenen Schmerzes im Sinne des Verstorbenen entscheiden, anderen Menschen beizustehen und durch Organspende Leben zu retten (...). Aus christlicher Sicht ist die Bereitschaft zur Organspende nach dem Tod ein Zeichen der Nächstenliebe und Solidarisierung mit Kranken und Behinderten.« Nicht zu zählen ist die Zahl der Eltern, die dieser kirchlichen Empfehlung folgend ihre Kinder zur Organspende freigaben. Später darüber aufgeklärt, wozu sie in Wahrheit eingewilligt hatten und was mit ihren Kindern geschehen war, bilden sie eine nicht unerhebliche Anzahl von Patienten, die wegen ihrer dadurch verursachten schweren psychischen Probleme (Depressionen, Angst- und Schuldgefühle) psychiatrisch behandelt werden müssen! Was in der Öffentlichkeit kaum bekannt geworden ist: Als die Kirchen im Vorfeld einer entsprechenden Gesetzesrevision im Jahre 1997 zu erneuter Stellungnahme aufgerufen waren, äußerten mehrere ihrer Vertreter Bedenken mit der Begründung, dass sie im Hinblick auf die Erklärung von 1990 von der Transplantationslobby »über den Tisch gezogen worden« seien (Gabriel Looser: »Was in uns nicht stirbt – Erfahrungen der Unsterblichkeit«, S. 107). Die Erklärung der Kirchen aus dem Jahre 1990 war für diese u. a. von Transplantationsmedizinern formuliert worden!

»Unter der Schirmherrschaft und mit finanzieller Unterstützung des Bundesgesundheitsministeriums wurde bereits 1979 eigens für die »Öffentlichkeitsarbeit zur Verbreitung des Gedankens der uneigennützigen Organspende nach dem Tode der Arbeitskreis Organspende (AKO) eingerichtet« (Anna Bergmann, a. a. O., S. 298). Seine Aufgabe bestand darin, die Öffentlichkeitsarbeit für die Organspende bundesweit zu koordinieren, zu werben, aufzuklären und Organspende-Materialien kostenlos zu verteilen. Bereits 1999 bilanzierte der von 31 Mitgliedsorganisationen unterstützte AKO, dass er 40 Millionen Broschüren mit dem Organspende-Ausweis »gezielt verbreitet« hatte. Seit 1982 wird jeweils der 1. Samstag im Juni als bundesweiter »Tag der Organspende« mit besonderen Veranstaltungen durchgeführt. Überall wird inzwischen Werbung für die

Transplantationsmedizin betrieben, wie z. B. vom Herzzentrum in Berlin seit Jahren mit riesigen Plakaten. Das gilt auch für alle Parteien im Bundestag, die inzwischen ein neues Transplantationsgesetz beschlossen haben, das im Jahre 2012 verabschiedet wurde mit dem Ziel, die Zahl der Menschen, die sich für eine Organspende persönlich bereit erklären, wesentlich zu erhöhen und auf diese Weise wesentlich die Zahl der lebend-frisch zu transplantierenden Organe aus »Toten«. Man schämt sich nicht, die Werbung bereits bei 16-Jährigen in Schulen zu beginnen, deren Organe ja noch besonders vital und kräftig sind und die selbst über die Tragweite ihrer Entscheidung zur Organspende kaum zutreffend unterrichtet sind.

Auf der anderen Seite mehren sich ständig die Kräfte, die diesem Treiben entgegentreten. So wurde z. B. auf der Internationalen Tagung »Brain Death-Signs of Life?/Hirntod – Zeichen von Leben?« am 19.02.2009 in Rom aus medizinischer, philosophischer und juristischer Sicht von Wissenschaftlern **eindeutig klargestellt:**

Das Hirntod-Konzept ist heute wissenschaftlich nicht mehr haltbar, da für »hirntot« erklärte Patienten eindeutig noch am Leben sind. Der sterbende Patient hat das Recht auf seinen eigenen, friedvollen, würdigen Tod. Ebenso hat er das Recht auf Unantastbarkeit des Lebens und Widerstand gegen fremdnützige Handlungen am eigenen Körper.

2010 sprach die American Academy of Neurology dem Gehirntod-Konzept die naturwissenschaftliche Begründung ab. Mit dem 1968 in den USA eingeführten Gehirntod-Konzept habe man sich geirrt. Existiert das Konzept »Hirntod = Tod« nicht mehr, so steht unübersehbar fest, dass die Organtransplantationschirurgen anlässlich der Entnahme lebend-frischer Organe aus »Gehirntoten« diese dabei vorsätzlich töten (ermorden)!

Dr. med. Paulo Bavastro, Internist und Kardiologe, früher lange Jahre Chefarzt einer internistischen Abteilung, schrieb im Rotary-Magazin 10/2011 in seinem Bericht darüber, ob der »Hirntod« wirklich eine »postmortale« Organspende ermögliche, u. a.: »Wollen wir redlich sein, so müssen wir Folgendes formulieren: Es handelt sich um schwerstkranke Menschen, die trotz intensivmedizinischer Behandlung Sterbende sind. Ein Sterbender ist aber kein Toter, er ist also keine Leiche … Von der ›postmortalen Organspende‹ zu sprechen ist eine Vereinfachung. Sie suggeriert falsche Tatsachen, entspricht dem Tatbestand der arglistigen Täuschung …«

In seiner Schrift »Ein irreführender Begriff« äußerte sich Bischof Heinz Josef Algermissen, Fulda, u. a. wie folgt: »Einen Sterbenden im Hirnversagen für tot zu erklären, um bei einer Organentnahme eine Tötung zu umgehen, stellt eine willkürliche Setzung dar, die mit Redlichkeit als Voraussetzung für jede ethische Betrachtung nicht zu vereinbaren ist. Mit anderen Worten: Der Begriff ›Hirntod‹ suggeriert einen Zustand, der nicht den Tatsachen entspricht. Auch hier können wir wieder feststellen, dass die Sprache zur Vernebelung herhalten muss. Von der ›postmortalen Organspende‹ zu sprechen, geht von falschen Tatsachen aus, entspricht dem Tatbestand der bewussten Täuschung. Deshalb ist das sog. ›Hirntod-Konzept‹ mit den moralischen und ethischen Ansprüchen des Evangeliums nicht zu vereinbaren.«

Von Professor Waldstein, Ordinarius an der Zivilrechtlichen Fakultät der Päpstlichen Lateralen Universität und Mitglied der Päpstlichen Akademie für das Leben, stammt die im Februar 2012 u. a. gemachte Äußerung: »Die absurde Formel der Transplantationsmedizin lautet: Leben retten durch Töten. Und dieses Töten wird kurzerhand als ›justifiable necessity for procuring transplantable organs‹ erklärt. Wer kann dieses Töten wirklich rechtfertigen?« (Aus seinem Artikel »Schließt Bereitschaft, sich töten zu lassen, ein« in »Tagespost«, 11.2.2012, Nr. 18/Nr. 6/ ASZ)

* * *

Unbeirrt von allem, was vorstehend in dieser Broschüre aufgeführt worden ist, wird dem Betreiben der Transplantationslobby folgend von Institutionen, Verbänden, den Medien und der Politik die Werbung für die »postmortale«, perverse, tödliche Organspende fortgesetzt. Wann wird endlich die Wahrheit erkannt und ihr gefolgt?

Dr. Georg Meinecke

38683 Los Gigantes
Calle el Pino 38
Teneriffa/Spanien
Tel. und Fax: (0034) 922/861770
Mail: fam.meinecke@gmx.de

An die Bundesministerin der Justiz
Frau Sabine Leutheusser-Schnarrenberger
Mohrenstraße 37
10117 Berlin
A L E M A N I A

2.) An den Generalbundesanwalt beim Bundesgerichtshof
Herrn Harald Range
Brauerstraße 30
76135 Karlsruhe - A l e m a n i a

3.) An den Präsidenten des Bundeskriminalamtes
Herrn Jörg Ziercke
65173 Wiesbaden

Los Gigantes, 02.02.2012

Sehr geehrte Frau Bundesministerin Leutheusser-Schnarrenberger!
Sehr geehrter Herr Generalbundesanwalt Range!
Sehr geehrter Herr Präsident Ziercke!

Gestatten Sie mir höflichst, Sie um Hilfe zu ersuchen zum Schutz des Lebens hilfloser Patienten, die täglich zum Zwecke der Organentnahme bei lebendigem Leibe aufgeschnitten und aufgesägt werden zwecks Entnahme lebender Organe, wie z. B. des noch schlagenden Herzens und dabei oder dadurch getötet werden! Nach Kenntnisnahme der nachfolgenden Zeilen werden Sie sicherlich in der Lage sein, das Ihnen Mögliche zu unternehmen, um zu helfen, dieser Ungeheuerlichkeit ein Ende zu bereiten.

Allenthalben wird dafür geworben, dass Mitmenschen sich schriftlich dazu bereit erklären sollen, nach ihrem Tode Organspender sein zu wollen. Das sei ein Akt der Nächstenliebe. In dem Organspenderausweis heißt es daher auch: »Für den Fall, dass nach meinem Tod eine Spende von Organen/Geweben zur Transplantation infrage kommt, erkläre ich: JA, ich gestatte, dass nach der ärztlichen Feststellung meines Todes meinem Körper Organe und Gewebe entnommen werden. In diesem Zusammenhang ist auch von der postmortalen Organspende die Rede, Angehörige sollen im Zeitpunkt des Eintreffens der Todesnachricht ggfs. eine Entscheidung treffen, die Rede ist auch von Verstorbenen mit primärer oder sekundärer Hirnschädigung. Suggeriert wird der Bevölkerung, dass man ohne eigenes Leid nach dem eigenen Tod das Leben eines oder mehrerer Menschen retten kann durch eigene Organe, die dem eigenen Leichnam nach dem eigenen Tod entnommen werden.

Verschwiegen wird der Bevölkerung, dass es in Wahrheit darum geht, hilflose, komatöse Patienten vor ihrem Tod, während sie noch am Leben sind, bevor sie verstorben sind und Geist und Seele den Körper verlassen haben, lebende Organe wie z.B. das noch schlagende Herz operativ zu entnehmen und sie dabei oder dadurch auf dem Operationstisch auf eine die menschliche Würde zutiefst verletzende, grausame Weise vorsätzlich zu töten. Das in verabredeter Gemeinschaft und in verabredetem Verbund aller daran Beteiligten.

Nachdem der südafrikanische Chirurg Christiaan Barnard im Dezember 1967 die erste Herztransplantation vorgenommen hatte, dem 1968 in den USA Chirurgen in 70 Fällen gefolgt waren, begann die Staatsanwaltschaft völlig zu Recht wegen vorsätzlicher Tötung pflichtgemäß zu ermitteln. Denn den Patienten entnommene lebendige noch schlagende Herzen und andere Organe – nur diese lassen sich transplantieren – wurden diesen bei lebendigem Leib herausgeschnitten. Tote Herzen und tote Organe eines Leichnams lassen sich niemandem implantieren!

Um dieser Entwicklung zu begegnen, definierte die Harvard Ad-hoc-Kommission – bestehend u. a. aus Medizinern und Juristen – 1968 in den USA den Tod des Menschen neu. Sie prognostizierte bereits das irreversible Koma als Tod. Damit hob die Harvard Ad-hoc-Kommission das bisher seit Jahrtausenden bekannte Wissen auf, wonach ein Mensch erst dann tot ist, wenn sein Herz und die Atmung irreversibel zum Stillstand gekommen waren, Geist und Seele endgültig den Körper verlassen hatten. Der Körper des Verstorbenen erkaltete, Totenflecken zeigten sich, die Leichenstarre stellte sich ein, der Verwesungsprozess folgte.

Seit die Schulmedizin die Organtransplantation in ihr Programm aufgenommen hat, ist also der angebliche Todeszeitpunkt im Interesse der Transplantationsmediziner juristisch zeitlich vorverlegt worden, um dem »Toten«, in Wirklichkeit einem sterbenden lebendigen Menschen lebend-frische Organe, wie z. B. das noch schlagende Herz oder andere bis dahin volldurchblutete Organe, wie Niere, Leber, Lunge, Bauchspeicheldrüse und Augen, entnehmen zu können. Denn nach dem Deutschen Transplantationsgesetz (TPG) dürfen lebenswichtige Organe nur von toten, keineswegs von lebenden, im Sterbevorgang befindliche Patienten entnommen werden. Im Interesse der Organtransplantation und der damit zusammenhängenden finanziellen Interessen hat sich die Definition des »Hirntodes« als Todeszeitpunkt des Menschen nahezu weltweit durchgesetzt im Bereich der daran Interessierten, keineswegs aber der darüber getäuschten Bevölkerung.

Behilflich wurde auch der unter der Bezeichnung Bundesärztekammer auftretende, nicht rechtsfähige Verein. Er konstatierte, dass mit dem »Hirntod« angeblich naturwissenschaftlich-medizinisch der Tod des Menschen festgestellt sei. Er ist indessen keine öffentlich-rechtliche Institution und besitzt keine hoheitlichen Befugnisse. Daran schlossen sich auch die DSO (Deutsche Stiftung Organ-Transplantation) und die Bundeszentrale für gesundheitliche Aufklärung an, die die Organtransplantation fördern und unterstützen. Indessen änderte an der Feststellung der Bundesärztekammer und ihrer Mitstreiter, dass mit dem »Hirntod« naturwissenschaftlich-medizinisch der Tod des Menschen angeblich festgestellt sei, die Tatsache nichts, dass es sich bei dem Patienten zu diesem Zeitpunkt in Wahrheit um einen lebenden, schwer hirngeschädigten Patienten handelt, dessen Herz noch schlägt, den gesamten Kreislauf aufrechterhält, der volldurchblutete Körper seine normale warme Temperatur hat, der Stoffwechsel noch stattfindet, Geist und Seele den Körper noch nicht verlassen haben! Auch das angeblich »tote« Gehirn – weil funktionsunfähig – ist noch durchblutet, keineswegs wie bei einem Toten erkaltet, geschweige denn in den Verwesungsprozess übergegangen. Gehirntote können noch Tage, Wochen, auch Monate oder Jahre leben, bis sie einem würdevollen Tod begegnen. Männliche »Gehirntote« sind noch einer Erektion fähig. Schwangere weibliche »Gehirntote« können noch einen Embryo monatelang in ihrem Leib reifen und als »lebender Leichnam« gebären. Neben Lebensäußerungen wie Herztätigkeit, Stoffwechsel schütten sie Hormone aus, Blutbildung und Blutgerinnung funktionieren noch. Falsch ernährt können diese Patienten Durchfall oder Verstopfung bekommen. Zudem sind an ihnen vegetative Reaktionen, z. B. Hautrötung, Schwitzen und unkoordinierte Bewegungen, zu beobachten. Selbst Wunden können sie noch ausheilen. Dr. Zieger berichtete 1996 dem Gesundheitsausschuss des Deutschen Bundestages, dass Komapatienten auf äußere Ereignisse und soziale Stimuli, wie z. B. den Besuch von Angehörigen, eindeutig antworten. Wird ein Patient im Hirnversagen bei lebendigem Leibe operiert, um ihm lebend-frische Organe zur Transplantation zu entnehmen, so reagiert er in vieler Hinsicht, wie jeder Mensch, der operiert wird, der unbewusst Schmerzen erlebt. Er zeigt Reaktionen: Die Pulsfrequenz schnellt hoch, der Blutdruck bewegt sich, Hormone werden ausgeschüttet. Zu solchen Reaktionen ist ein Leichnam nicht mehr in der Lage.

Die Erfahrung, die Feststellung, dass die »gehirntoten« Patienten bei dem Aufschneiden, dem Aufsägen ihres Körpers und dem Herausschneiden ihrer lebenden Organe, wie dem schlagenden Herzen, Schmerzen empfinden und Abwehrbewegungen auf dem Operationstisch machten, führte dazu, dass man sie vorher auf dem Operationstisch festschnallte. Ihnen wurden muskelentspannende und schmerzstillende Medikamente verabreicht. Zum Teil wurden diese »Toten« unter Vollnarkose gesetzt! In der Schweiz ist inzwischen eine Vollnarkose bei der Organentnahme am »Toten« vorgeschrieben. Selbst die DSO empfiehlt zur »Optimierung des chirurgischen Eingriffs« 5 Fentanyl, ein synthetisches Opioid (Opiat). Es ist eines der stärksten Schmerzmittel, ca. 100 Mal stärker als Morphin. Gescheut wird wohl die Empfehlung einer Vollnarkose, da dies offensichtlich auch dem einfältigsten Laien offenbaren würde, dass der auszuschlachtende »tote Organspender« in Wirklichkeit überhaupt noch nicht tot ist, die Mitteilung, ärztlich sei der Tod festgestellt, eine Täuschung ist!

So haben auch inzwischen wissenschaftliche Erkenntnisse das heutige »Hirntod-Konzept« in medizinischer und theologischer Hinsicht als falsch entlarvt. Denn der Hirntod sei in Wahrheit nicht der Tod des ganzen Menschen. So stellte das »Presidents' Council on Bioethics« (USA) 2008 unübersehbar eindeutig klar: »Der Hirntod ist naturwissenschaftlich nicht dem Tode gleichzusetzen.« Auch Gehirnforscher und andere Wissenschaftler stellten fest, dass die Gleichsetzung von »Hirntod« und »Tod« aus physiologischer Sicht unhaltbar sei, ebenso wie die Gleichsetzung hirntoter Patienten mit Leichen.

Andreas Brenner, Philosophie-Professor an der Universität Basel und an der Fachhochschule Nordwest-Schweiz, der sich insbesondere mit Bioethik und Biopolitik befasst, antwortete auf die Frage, ob der Mensch tot ist, wenn sein Gehirn nicht mehr funktioniert: »Ein Hirntoter ist nach allgemeiner Definition ein Mensch mit einer starken Gehirnschädigung. Und diese ist vermutlich irreversibel. Das bedeutet aber nicht, dass er tot ist.« Ist dies richtig – und wer will daran zweifeln nach allem, was wir heute wissen – so wird jeder »gehirntote« Organspender von den Transplantationschirurgen auf dem Operationstisch durch die oder anläßlich der Entnahme seiner lebend-frischen Organe bei lebendigem Leibe vorsätzlich getötet, jedenfalls alles, was nicht entnommen wird!

Die vorsätzliche Tötung eines wehrlosen Patienten ist – gleich aus welchem Grund – strafbar! Strafbar ist auch der gewollte Zusammenschluss zur gemeinsamen Begehung derartiger Taten! Das Einschreiten der bisher irregeführten Staatsanwaltschaft und damit der Strafjustiz ist unabwendbar und unausweichlich geworden, soll nicht die vorsätzliche Tötung hilfloser, komatöser Patienten zum Zwecke der Entnahme lebender Organe in Zukunft durch Unterlassung unterstützt werden.

Professor Andreas Brenner, mit der Behauptung konfrontiert, in den USA diskutiere man inzwischen darüber, die »Gehirntod«-Definition fallen zu lassen und von »Tötung« zu sprechen, äußerte sich wie folgt: »Ja, man findet das Hirnkonzept einerseits nicht schlüssig und gibt zu, dass Organentnahme bei Hirntod eine Tötung ist, will aber mit Transplantationsmedizin trotzdem weitermachen. **Man überlegt sich nun, die Organentnahme als ›justified killing‹ zu betrachten, als gerechtfertigtes Töten.** Das ist verheerend. Damit verabschiedet man sich vom Geist des über 2000 Jahre geltenden hippokratischen Eides, wonach die Ärzte das Leben nicht beenden dürfen.« Und auf die Frage, wie soll man dann das Problem lösen? Die Leichenspende verbieten?: »Ja, und dies aus zwei Gründen: Zum einen sind, wie der amerikanische Bioethikrat heute feststellt, viele Menschen, denen Organe entnommen werden, erst nach der Extransplantation tot, d. h., sie werden durch die Extransplantation getötet. Zum anderen sollte der Staat auch nicht die gesetzliche Möglichkeit eröffnen, dass sich jemand für einen anderen opfert … Der Staat müsste hier einen Riegel vorschieben und sagen: Nein! Selbstopferung ist nicht erlaubt. Man sollte nur noch reine Lebendspenden zulassen. Und auf die Frage, wie erklären sie dies jenen Leuten, die dringend auf ein Organ angewiesen sind?: »Es gibt so etwas wie Schicksal. Jeder von uns stirbt. Und es gibt Situationen, in denen ist ein Leben nicht mehr zu retten …« Nachdem Ärzte in der NS-Zeit »lebensunwertes Leben« tausendfach »gerechtfertigt« getötet hatten, erkannte man dies später zu Recht als ein verabscheuungswürdiges Verbrechen.

Dr. Manfred Lütz, Theologe, Arzt und Mitglied im Direktorium der Päpstlichen Akademie für das Leben, äußerte sich in einem Radio-Interview u. a. wie folgt: »Was die Kirche sagen kann, ist: Man darf nicht jemanden töten, um an seine Organe zu kommen.« Papst Benedikt XVI. forderte, dass Organe nur

»ex cadavere« (vom Leichnam) entnommen werden dürften. Er selbst zog seine persönliche Bereitschaftserklärung zur Organspende in Kenntnis der wahren Umstände zurück. Denn wer lässt sich schon freiwillig bei lebendigem Leibe auf dem Operationstisch von Ärzten durch oder anlässlich der Entnahme lebender Organe töten?

Der Organtransplantation zulasten lebender, sterbender Patienten, die sich nicht mehr wehren können, den schwächsten Mitgliedern unserer Gesellschaft, muss – soweit sie sich als mörderisches Treiben erweist – mit allem gebotenem Nachdruck entgegentreten werden.

1.) Durch umfassende wahre Aufklärung der Bevölkerung. Der inzwischen verstorbene führende Transplantationsmediziner (Leiter des Transplantationszentrums in Hannover), Professor Richard Pichlmayr, äußerte sich laut der Schrift »Organspende – Die verschwiegene Seite« des Vereins Kritische Aufklärung über Organtransplantation e. V. wie folgt: »Wenn wir die Gesellschaft über die Organspende aufklären, bekommen wir keine Organe mehr.« Aufklärung erfolgt daher hauptsächlich einseitig »pro Organspende«. So ist es auch weiter nicht verwunderlich, dass Professor Hans Lilie, Vorsitzender der Ständigen Kommission Organtransplantation der Bundesärztekammer, anlässlich seines Vortrages beim 110. Deutschen Ärztetag in Münster am 16.05.2007 erklärte: »… Es bleibt dem Einzelnen überlassen, sich selber die notwendigen Informationen zu besorgen, sodass eine Organspende auch dann zulässig ist, wenn der Betreffende sich für die Spende ausgesprochen hat, ohne über die Einzelheiten zuvor aufgeklärt worden zu sein.«

   Dem entgegen erkannte bereits der Bundesrat: »Wer zur Organspende eine persönliche und rechtlich verbindliche Erklärung abgeben will, soll, muss wissen, worüber er entscheidet.« Hier liegt ganz offensichtlich das Problem: Jede wahrheitsgemäße Aufklärung über die Organspende verhindert diese. Da jedoch im öffentlichen Bereich offensichtlich weitgehend nur »pro Organspende« ohne die dazu erforderliche umfassende Aufklärung verfahren wird, versuche ich derzeit – wie aus der Anlage ersichtlich – durch meine Schrift »Organspende »Ja« oder »Nein« – Eine Entscheidungshilfe« wahrheitsgemäß aufzuklären. Auf Existenz und Inhalt dieser Schrift darf ich verweisen. Bleiben Bundesärztekammer, die Deutsche Stiftung für Organtransplantation und die Bundeszentrale für gesundheitliche

Aufklärung weiter bei ihrer seit Jahrzehnten aufgestellten Behauptung, der Gehirntod sei der Tod des Menschen, können sie insoweit nicht mehr ernst genommen werden, laufen Gefahr, der Lüge bezichtigt zu werden.

2.) Durch strafrechtliche Verfolgung derjenigen Personen, die vorsätzlich wehrlose Patienten zu Zwecken der Organentnahme durch diese oder anlässlich dieser töten, und alle diejenigen, die sich zu diesem Zweck zusammengeschlossen haben, und diejenigen, die dazu wissentlich Beihilfe leisten! Es kann kein Argument sein, dass die Organtransplantation inzwischen weltweit betrieben wird. Irgendwann strandet jede Unwahrheit, siegt die Wahrheit! Der deutschen Justiz würde es zur Ehre gereichen, hier weltweit in Führung zu gehen.

3.) Durch ein gesetzliches Verbot.

Unter den Schutz der vom Grundgesetz geschützten unantastbaren menschlichen Würde fällt auch das Recht eines jeden Patienten, in Würde sterben zu dürfen und nicht als Opfer für fremde Interessen auf einem Operationstisch durch Ausschlachten seiner lebenden Organe getötet zu werden.

Mit vorzüglicher Hochachtung!
G. Meinecke

Verfasser und Absender dieses Schreibens ist Dr. jur. Georg Meinecke (Jahrgang 1926), Seniorpartner der Rechtsanwaltssozietät Meinecke & Meinecke in Köln

Anlage

Zur Person des Autors:

Der am 31. Januar 1926 geborene Autor, Dr. jur. Georg Meinecke, wurde 1957 als Rechtsanwalt in Köln zugelassen. Er ist Gründer und Seniorpartner der Anwaltssozietät Meinecke & Meinecke in Köln, die auf die bundesweite Beratung und Vertretung behandlungsfehlergeschädigter Patienten gegen Ärzte, Krankenhäuser und Pharmaindustrie spezialisiert ist und in der seine Söhne Markus und Boris mit weiteren Fachanwälten für Medizinrecht tätig sind. Seit der Beendigung aktiver anwaltlicher Tätigkeit in Einzelmandaten verfasste er folgende Bücher bzw. Schriften mit dem Ziel, seinen Mitmenschen nunmehr auf diese Weise zu helfen:

»Der Königsweg zu Gesundheit und hohem Alter«,
erschienen 2002, stark erweiterte Neuauflage 2004,
2. stark erweiterte Neuausgabe 2009,
ISBN: 978-3-8311-4199-9, BoD, P.B. 512 S. 27,80 €

»GESUND FÜR IMMER – Die Revolution im Gesundheitswesen«,
erschienen im Januar 2008, 2. Auflage 2009, 3. Auflage 2010
ISBN: 978-3-8334-7263-3, BoD, P.B., 160 S., 11,90 €

»Papst Benedikt XVI.: Jesus von Nazareth aß kein Osterlamm –
Hat Jesus sich menschengerecht ernährt?« erschienen 2008,
ISBN: 978-3-8334-7433-0, BoD, 36 S., DIN-A-4, brosch., 6,80 €

»Organspende – JaA oder NEIN – Eine Entscheidungshilfe. Die verheimlichte Wahrheit«, erschienen 2012
ISBN: 978-3-8448-3377-5, BoD, 76 S. DIN-A-4, 12,00 €

* * *

Die Schriften des Autors zu dem hier angesprochenen Thema der Organspende und der Organtransplantation können auch per E-Mail kostenfrei angefordert werden unter: info@organspende-entscheidungshilfe.de